ロバート・キヨサキ＋公認会計士シャロン・レクター
白根美保子 訳

悪い借金を良い借金に変えよう

金持ち父さんの金持ちになるガイドブック

筑摩書房

Rich Dad's Guide to Becoming Rich
Without Cutting Up Your Credit Cards
Turn "Bad Debt" into "Good Debt"
By Robert T. Kiyosaki with Sharon L. Lechter

Japanese translation rights licensed by
GoldPress Publishing LLC.

目次

はじめに　「億万長者になりたくないのは誰?」

■本当に聞かなくてはいけない質問

最近のアメリカのテレビ番組で一番人気があったのは Who Wants to Be a Millionaire?（億万長者《ミリオネア》になりたいのは誰?）だ。このクイズ番組はアメリカだけでなく世界中で爆発的な成功を収め、司会者と言語を変えていろいろな国で放映された。クイズ番組だから当然と言えば当然だが、参加者はクイズに答えさえすればいい。いくつかの雑学的質問が用意されていて、それに正解するたびに賞金が増える。最後まで答えられた時の最高賞金額はなんと百万ドル! この番組のおかげで「億万長者になりたいのは誰?」という質問は世界各地で流行語になった。

ここで、現実的に考えてみよう――お金、金持ちになる方法、株で大儲《おおもう》けした人、宝くじの莫大な賞金……こういったことを扱った番組にこれほど多くの人が夢中になっている今、私たちが本当にたずねなければいけないのは「億万長者になりたくないのは誰?」ということではないだろうか。

クイズ番組に出て百万ドルの賞金を稼《かせ》ぐことは確かに可能だし、宝くじで何百万ドルも当てたり、ＩＰＯ（新規公開株式）に投資して億万長者になることも可能だ。そうすれば、引退してもずっと金持ちでいられる。実際のところ、今はこれまでのどんな時代よりも、金持ちになる方法がたくさんある。金持ちになる――それも、そのためにかかる時間が短ければ短いほどいい――という考えにとりつかれて狂ったようになっている人が世界中にこれほどたくさんいるのも、それだからかもしれない。

■金持ちになることの値段

私は最近、以前に出版した『金持ち父さん　貧乏父さん』についてテレビで話す機会があった。番組の中で、インタビュアーが私にこう聞いた。「いいじゃないですか。本音を言ってくださいよ。あなたがあの本を書いたのは、今アメリカ中に吹き荒れている『手っ取り早く金持ちになる』というブームをうまく利用するためだった、ただそれだけなんでしょう？」

女性インタビュアーの質問は本当に唐突で、私は何と言ったらいいかわからなかった。しばらくして気を取り直してからやっと私はこう答えた。「ええと……私はこれまで一度もそんなふうに考えたことがありませんが、私がただそれだけの理由で本を書くだろうとあなたが思う理由はわかります。それができるくらい頭がよければいいんですけれどね。つまり、人類の長い歴史のうちで今この瞬間をうまくねらって本を書けるくらい頭がよければいいのにと思いますよ。でも、残念ながら私はそんなに頭がよくありません。私がこの本を書いたのは、ただ、二人の父親から学んだお金に関する教えについて、みんなに話したいと思ったからです」

一九九七年に『金持ち父さん　貧乏父さん』を書いた時、私たちが売り込みに行った書店や書籍流通会社は、どこも相手にしてくれなかった。考えてみれば、一九九七年当時はテレビのクイズ番組『ミリオネア』はまだ始まっていなかった。私はちょっと間を置いてからこう続けた。「本当を言えば、実際のところ、私の本は、ああいったクイズ番組や、株で億万長者になった人や宝くじの話を取り上げる番組が送り出すメッセージとは正反対のことを伝えているんです」私はまた間を置き、少し考えてから続けた。「今、手っ取り早く金持ちになることに一部の人が熱を上げているのは事実ですし、私の本が金持ちになることについての本であるのも事実です。でも、あれは手っ取り早く金持ちになることについての本ではありません」

解説者も兼ねていたその女性はちょっとうなずいてから、疑い深そうな表情で唇に笑みを浮かべた。「手っ取り早く金持ちになることを追い求める今の風潮に乗じているのではないとしたら、あなたは何を伝えているんですか？　ゆっくりと金持ちになることですか？」

私には彼女が皮肉を言っているのがわかった。強く反論したかったが、何百万人もの視聴者を前に、冷静さを失うわけにはいかない。そこで、とげのあるそのコメントに作り笑いで応えた。「いいえ。私の本は手っ取り早く金持ちになることについての本でも、ゆっくり金持ちになることについての本でもありません」そう言ってから私は微笑《ほほえ》み、相手が次の質問をしてくるのを待った。気まずい沈黙があったが、私はできるだけ冷静さを保ちながら自分の立場を譲らず、彼女の次の動きを待った。

女性インタビュアーは笑みを浮かべ、こう聞いた。「じゃ、何についての本なんですか？」

私はにやりとして答えた。「金持ちになることの値段についての本です」

「値段？　それはどういう意味ですか？」

インタビュアーの質問が終わらないうちに、番組のプロデューサーが、時間がなくなってきていることを彼女に手振りで知らせた。インタビュアーに返事を促された私は、最後にこう言って番組を終わらせた。「たいていの人は金持ちになりたいと思っています。でも問題は、そのための代価を喜んで支払おうという人がほんの少ししかいないことです」番組はそれで終わり、司会者が私に礼を言うと、画面は最後のコマーシャルに切り替わった。だが、問題は残った。億万長者になるために支払わなければならない代価が何か、それに関する私の考えは答えに含まれていなかった。この本は、あの番組で答えられなかった質問に対する答えのつもりで書いた。

■代価を支払っているのは誰か?

米国保健教育福祉省がアメリカ国民を二十歳から六十五歳まで追跡調査したところ、六十五歳になった時、金持ちだったのは百人中一人、まあ快適な暮らしをしていた人は四人、残りのうち五人はまだ働いていて、五十四人は生活のために政府や家族の援助を必要とし、三十六人は亡くなっていた。そして、百人に一人の金持ちのうち三十五パーセントと、まあ快適な暮らしをしている四人の大部分は、遺産のおかげでそうなっていた。ついでに付け加えておくと、フォーブス誌では金持ちを年収百万ドル以上の個人と定義している。

二十世紀の最後の十年間、好景気が続いたおかげで、「金持ち」と「まあ快適に暮らしている人」の数が増えたことは確かだ。だが、問題はまだ残っている。それは、人口の五パーセントの金持ちたちがやったことで、そのほかの人たちがやらなかったことは何かという問題だ。つまり、ほかの人たちは支払わなかったが、この五パーセントの人たちが支払ったものは何か、その違いは何だったかということだ。

■大きな家に住んでいれば金持ちか？

子供の頃、金持ち父さんの車に乗せてもらっていた時、超高級住宅地に住んでいる同級生の家の前を通った。その同級生の父親は金持ちなのだろうかと私がたずねると、金持ち父さんはくすくす笑って答えた。「たくさん給料のもらえる仕事、大きな家、かっこいい車、豪華な休暇旅行……こういったものは、その人が金持ちだということを意味しない。実際のところ、まったく反対のことを意味する場合もある。また、贅沢《ぜいたく》なライフスタイルはその人が頭がいいとか、いい教育を受けているといったことも意味しない。まったく反対の意味の場合もあるんだ」

たいていの人には、金持ち父さんがどんな意味で今のようなことを言ったのかわかるだけの知恵があるが、それでも、宝くじをせっせと買う人は大勢いる。その理由の一つは、彼らもまた、大きくて豪華な家や、高級車、そのほかお金で買えるありとあらゆる「おもちゃ」を手に入れたいと思っているからだろう。宝くじで何百万ドルもの賞金が当たることは確かにあるが、実際問題として、その可能性はとても低い。

大きな家は、そこに住む人が金持ちであることを意味しない。それと同じように、クイズ番組を見たり、数字を当てるくじにお金を賭《か》けたりするだけでは、人口の一パーセントにあたる金持ちの多くが、そうなるために支払ったのと同じ代価を支払ったことにはならない。

■億万長者になるために支払うべき代価とは?

金持ちになる方法はたくさんある。宝くじを当てたり、クイズ番組で優勝したりというのはそのうちのわずか二つの例にすぎない。けちに徹して金持ちになることも、詐欺師《さぎし》になって金持ちになることも可能だし、億万長者と結婚するという手もある。実際のところ、金持ちの結婚相手を探すのに精を出している人はたくさんいる。

ここであらかじめ注意しておきたいが、当然ながらどんな方法をとったとしても、大きな富を手に入れるには、そのために支払わなければならない代価がある。そして、その代価は必ずしも「いくら」とお金で測れるわけではない。

テレビでクイズ番組を見たり、数字当てのくじにお金を賭けたりするだけで、ほかに何もしないでいることに対する代価は、そういう人たちの大部分が決して金持ちになれないことだ。そして、これはめちゃくちゃに高い代価だ。金持ちになるにはほかにもっといい方法、もっと可能性が高い方法がある。だが、たいていの人はそのための代価を喜んで払おうとしない。実際、金持ちになる方法で勝率の高い方法、ほとんど成功が保証されていると言っていい方法はいくつかあるが、ここでも問題は同じで、たいていの人はそのための代価を喜んで払おうとしない。だからこそ、米国保健教育福祉省が行った調査のような結果、つまり、世界で最も裕福なこの国で実際に金持ちになる人が一パーセントしかいないという結果になるのだ。みんな億万長者になりたいと思っている。だが、そのための代価を自分から進んで払おうとしない。

では、金持ち父さんはこの「代価」が何だと言っていたのだろうか? このことは、お金の話とはちょっと違う次のような例を使って説明するとわかりやすいと思う。

もし私が、「アーノルド・シュワルツェネッガーのような身体になれたらいいのに……」と言ったとしたら、どうだろう? たいていの人はまず私にこんなふうに言うだろう。「ランニングシューズをはいて一日八キロメートル走り、三時間ジムで身体を動かし、ピザを口いっぱいに詰め込むのをやめなさい」それに対して、私はこう言う。「彼のような身体になるのに、ほかに方法はないのかい?」

私や金持ち父さんが「代価」と言うのはこれだ。すばらしい肉体を持ちたいと思っている人は何百万人といる。だが、そのための代価を喜んで支払おうという人はほとんどいない。だからこそ、「この小さな魔法の薬を飲むだけで、食べたいだけ食べながらやせられます」「運動も食事制限もなしで、このモデルのようなすばらしい肉体が手に入ります」などと請《う》け合《あ》う広告がまかり通り、大金を稼ぎ出しているのだ。お金、セクシーな肉体、すばらしい人間関係、幸福……それが何であれ人間が望むものすべてに関して、アメリカ広告業界は手っ取り早く簡単に手に入ることを請け合う広告を作り出す。だが、そのような広告が売り込む商品の大部分は効き目がない。それは製品のせいではない。製品を買った人たちが、自ら進んでやるべきことをやらない、つまり代価を支払わないからだ。

■ぼったくりセミナーも聞く人次第

私はよく、何年も前に、テレビのインフォマーシャル（情報提供広告）で知った不動産投資セミナーに三百八十五ドル払って出席した話をする。今でも覚えているが、家でソファーに座り、チャンネルをあれこれ切り替えていた時、このインフォマーシャルを目にした。それは、私が住んでいたワイキキビーチのアパートのすぐ隣りのヒルトン・ハワイアン・ビレッジというホテルで行われる、一晩限りの無料セミナーの宣伝だった。私はすぐ電話をかけ、出席のための予約を入れた。そしてそれに出席したあと、週末に開かれる三百八十五ドルのセミナーに申し込んだ。

当時まだ海兵隊にいた私は、仲間のパイロット一人を誘って週末のセミナーに出席したが、その友人はそのセミナーがまったく気に入らず、完全なぼったくりで時間の無駄だったと言って、払ったお金を返せと要求した。隊に戻ってから彼は私にこう言った。「ぼったくりだってことはわかっていたんだ。おまえの言うことなんか最初から耳を貸すんじゃなかったよ」

私の体験はまったく異なっていた。セミナーのあと、私は持ち帰った本やテープを読んだり聞いたりした。そしてその後、このセミナーで学んだ情報を使って、何百万ドルものお金を儲けた。何年もあとになって、別の友人が「きみのあの時の友達は、頭がよすぎてセミナーから何も学べなかったことが悲劇だったんだ。それに引き換え、きみは頭が悪かったから、講師が言うことを鵜呑《うの》みにして、すぐに実行したんだ」と言っていたが、この言葉は当たっている。

今でも私は、不動産の購入、ビジネスの立ち上げ、株式への投資、そのほか何についてでも、基本を学ぶためのセミナーに出ることをみんなに勧めている。すると、よくこんなふうに聞かれる。「でも、もしそのセミナーがよくなかったらどうするんですか？　もし本当にぼったくりだったら？　もし何も学べなかったら？　それに、そもそも私はトイレを修理したり、真夜中に借家人からの電話で起こされたりするのはいやなんです」そう聞かれた時の私の答えはたいていこうだ。「もしそうなら、セミナーに出ないのが一番いいでしょう。出たとしても、あなたにとっては間違いなくぼったくりセミナーになるでしょうから」

■見つかった答えが気に入らない

経験から言わせてもらうと、この世の中には、何らかの形で自分の生活をよりよくしてくれる答えを求めている人がたくさんいる。問題は、見つかった答えが彼らの気に入らないことだ。「ピザを口いっぱい詰め込むのをやめて、一日三時間ウェイトトレーニングに精を出せ」という答えが私の気に入らなかったのと同じだ。これを言い換えるとこうなる――つまり、自分の気に入る答えが手に入るまで、私にはアーノルド・シュワルツェネッガーのような身体になるチャンスはない。たいていの人が決して金持ちになれない理由は、ただ単純に、今自分に与えられている答えが気に入らないからだ。私の意見を言わせてもらうなら、これは答えそのものが問題なのではない。彼らが本当に嫌っているのは、その答えにくっついている代価だ。金持ち父さんが言っていたように、「たいていの人は金持ちになりたいと思っている。ただ、みんなそのための代価を支払いたがらない」。

■お金では測れない代価

本書では、けちに徹したり、非道徳的なことをやったり、人をだましたり、金持ちと結婚したりすることなく金持ちになるために、支払わなければならない代価についてお話ししたい。この本を読めば、金持ちになり、そのあともとても豊かなライフスタイルを楽しめる方法がわかると思う。だが、何度も言うように、そのためには支払うべき代価がある。金持ち父さんはよく私にこう言った。「何かを得るために支払う代価は、いつもお金で測れるとは限らない」

これから私は、自分が得た答えと、それを実現するために支払った代価についてお話しするつもりだ。私の答え、あるいは金持ち父さんの答えがあなたの気に入らなかった場合は、金持ちになる道は一つではないことを思い出して欲しい。これからも新しい宝くじは次々に売り出され、「億万長者になりたいのは誰?」と聞いてくるクイズ番組もあとを絶たないだろうから……。

第一章　けちになることの値段

「何かを得るために支払う代価は、いつもお金で測れるとは限らない」
――金持ち父さん

倹約して収入の範囲内で生活するという考えを奨励する本はたくさんある。多くのいわゆる「お金の専門家」たちが、クレジットカードを切り刻み、節約して、引退後に備えた年金プランにできる限り多くのお金をつぎ込み、中古車に乗り、小さな家に住み、割引クーポンを広告から切り取り、バーゲンで買い物をし、外食をやめ、下の子供たちにお下がりを着せ、休暇旅行はできるだけ安くすませる……といった方法がどんなにいいか、その効能について書いたり、話したり、テレビやラジオで放送したりしている。

このような考え方はたいていの人にとって役に立つし、確かに倹約すべき時と場所はある。でも、多くの人はこのやり方を好まない。正直なところ、たいていの人はお金で買うことのできる、より快適な、ちょっとした贅沢を楽しむのが大好きだ。つまり、たいていの人にとっては、大きな家、新しい車、おもしろいおもちゃ、豪華な休暇旅行などの方が、銀行にお金を貯めるよりずっと楽しいし、魅力的だ。私たちの多くは、倹約と金銭的禁欲の大切さを説く、物知り顔の専門家たちの意見に賛成しがちだ。だが、そうは言っても、心の奥底では、それよりもむしろ、使用限度額のないプラチナカードを持ちたいと思っている。そのカードの支払をするのは、アラブの油田を所有する王族とスイスの銀行とビル・ゲイツを合わせたよりもっと多くのお金を持っている大金持ちのおじさんだ……。

私たちの多くは、お金で買えるさまざまな贅沢を楽しいことだと思っているが、その一方で、そういった人生における楽しみ、すてきなこと、格好のいいことに対する飽くことのない欲望が、多くの人を金銭的トラブルに巻き込んでいるということにも気付いている。そして、この欲望が生み出す金銭的トラブルこそが、お金の専門家たちに「クレジットカードを切り刻め。収入の範囲内で生活しろ。中古車を買え」と言わせているのだ。

■欲しいものには代価を支払う

一方、金持ち父さんは私に「クレジットカードを切り刻め」とも「収入の範囲内で生活しろ」とも決して言わなかった。自分が本当には信じていないことを私にアドバイスするような人ではなかったからだ。切り詰めた生活をすることについて、金持ち父さんはこんなふうに言っていた。「けちになることで金持ちになるのは可能だ。だが、問題は、たとえそうやって金持ちになったとしても、けちであることに変わりないことだ」そして、次のように続けるのが常だった。「けちな生き方をして金持ちのまま死ぬなんて、そんなことをする人の気が知れない。けちな生活をして、お金を持ったまま死んで、自分の葬式のあと、一生かけて貯めたお金を子供たちに使わせるなんて、そんなことをしたい人がいるなんて信じられない」

金持ち父さんは、切り詰めた生活をして一生こつこつお金を貯めてきた人の子供が、親がいなくなったあと、飢えたハイエナのようになる場合が多いことに気付いていた。そういう子供たちは親が残してくれた遺産をありがたく受け取る代わりに、分割をめぐって争い、「正当な取り分」を手にするとまもなくそれを使い切ってしまうことが多い。

けちな生活をしろと言う代わりに、金持ち父さんはよく私に「欲しいものがあったら、そのために支払うべき代価が何かを調べ、それを支払え」と言っていた。そして、次のように付け加えた。「でも、これだけはいつも忘れないようにするんだ。何にでも支払うべき代価がある。けちになることで金持ちになった場合の代価は、そうなってもけちであることに変わりないことだ」

■金持ちになるいろいろな方法

金持ち父さんはさらに説明を続けた。「お金目当てに結婚して金持ちになることはできる。そして、そのために支払わなければならない代価が何か、だれもが知っている。昔のクラスメートでニューヨークに住んでいたある友人は『金持ちの女の子と結婚するのも貧乏な女の子と結婚するのと同じくらい簡単だ』とよく言っていた。そして、学校を卒業すると、前から言っていた通りに、大金持ちの家の女の子と結婚した。私は個人的にはこういう人間はいけ好かない奴だと思うが、彼にとってはそれが金持ちになるやり方だったんだ」

また、悪いことをして金持ちになることもできるが、そのための代価はみんなもよく知っての通りだ。子供の頃、私は悪党というのは覆面《ふくめん》をして銀行強盗をするものだと思っていた。だが今は、紺のスーツに白いワイシャツ、赤いネクタイ姿で、多くの場合社会的にも認められているような悪党がたくさんいることを知っている。

そのほかに、カジノや競馬場で賭けをしたり、宝くじを買ったり、よく考えもせずに株式市場にお金をつぎ込んだりして金持ちになる人もいる。そして、そのための代価も私たちはよく知っている。ドットコム熱もたけなわの頃、「インターネット会社を始めるつもりだ」という話を聞くだけでお金を出そうという人はたくさんいて、私の知り合いにもそういう人が大勢いた。

弱い者いじめをして金持ちになることもできるが、そういう人がどういう末路をたどるかは、これまたみんなよく知っている。結局は、もっと強いガキ大将が現れてやっつけられるか、そうでなくても、自分とビジネスをしようという人はいじめられてこき使われるのが好きな人だけだったと気付くはめになる。

また、先ほど言ったように、けちになることで金持ちにもなれるが、けちな金持ち、チャールズ・ディケンズの名作『クリスマス・キャロル』の主人公スクルージのような人間は、世間から疎《うと》まれがちだ。いつももっと値引きしろと求めたり、請求書に文句をつけたり、もっと悪い場合は、なんだかんだとくだらない文句をつけて請求書の支払いを拒否したりする人はどこにでもいて、私たちの多くはそんな人に会った経験がある。

ブティックのオーナーをしている友人は、服を買い、それを一度パーティーに着て行ってから、数日後に返品しに来てお金を返せと要求する顧客がいるとよくこぼしている。それに、もちろん、古いおんぼろ車に乗り、一つの服を擦《す》り切《き》れるまで着て、安い靴を履《は》き、貧しそうな格好をしているのに、実は銀行に何百万ドルと持っている……というけちもいる。そういう人たちは、確かにそんなふうにけちな生活をして金持ちにはなれるかもしれないが、そういうやり方には、お金だけではない、もっと大きな代価が伴う。私自身、時としてけちになりすぎないように努力することがあるが、たいてい人は、私が気前良くしている時の方がたくさん笑いかけてくれるし、好意も持ってくれる。例えば、サービスがよかったと思って少し余分にチップを置いたとすると、それは別の形で返ってくる。要するに、人間はけちな人より気前のいい人を好む傾向があるということだ。

■すべての人が金持ちになれるか?

金持ち父さんと私は、金持ちになるために支払うべき代価、値段について、ほかにもいろいろな話をした。

「その代価は人によって違う」金持ち父さんは私にそう言った。また「人生は楽であるべきだと考えるのは怠け者だけだ」とも言った。

その言葉だけでは満足できなかった私は、さらに質問を続け、代価が人によって違うとはどういう意味かたずねた。金持ち父さんはこう答えた。「私は、人間はみんな、それぞれに異なる才能や能力を持ってこの世に生まれてくると思いたいんだ。歌を歌ったり、絵を描いたり、運動をしたり、ものを書いたり、子供を育てたり、人に道を説いたり、教えたり……といった才能や能力だ。でも、そういった才能を神様が与えてくださったからといって、何もしなくていいわけじゃない。その才能を開花させるかどうかは一人一人の人間にかかっている。そして、これらの才能を開花させるには、たいてい支払わなければならない代価がある。この世の中には、頭がよく、才能があり、能力を持っているのに、経済的には恵まれていなかったり、仕事の上でも成功していなかったり、個人的な人間関係がうまくいっていなかったりする人がたくさんいる。私たちはだれもが才能を持っているが、それと同時に、自分で克服しなければならない課題を抱えている。完璧な人間はいない。私たちはだれもが才能と課題、強さと弱さを持っている。代価が人によって違うと私が言うのはそれだからだ。人によって違う課題を持っているんだからね。人生は楽であるべきだと考えるのは怠け者だけだ」

怠け者に関する金持ち父さんのコメントが正しいかどうかは私にはわからない。だが、物事が簡単にいかない、自分の思うようにいかないと不平を言っている自分に気が付いた時、いつもこの金持ち父さんの言葉が大いに役立ったのは事実だ。「物事がもっと簡単ならいいのに……」と思い始めると、自分が怠け者になりかかっていることが私にはわかる。だから、そんなふうに願っている自分に気が付くと、私はいつも立ち止まり、自分の態度を振り返り、そのような態度をとることに対して、自分が長期的に支払うことになる代価は何だろうかと考える。だからといって、物事をやるのに、私がより簡単な方法を探さないというわけではない。ただ、怠け者ややけちになりかけていると気付いたら、あるいは駄々《だだ》っ子《こ》のような行動を取っている自分に気が付いたら、そのような行為に対する代価は何だろうと自分に聞いてみるということだ。

■お金は代価を支払ったことに対する見返り

金持ち父さんはよくこうも言っていた。「金持ち、有名人、あるいは成功を収めている人に聞いてみるといい。みんな、そうなるまでには、毎日立ち向かわなければならなかった個人的な課題、克服しなければならなかった弱点があったし、それは今もあると答えるだろう。いいかい、ただで手に入るものなんてないんだ。私にとっての課題は、スタート時点で教育もお金もなかったことだ。おまけに、父が亡くなった時、私には養わなければならない家族までいた。その難問を与えられた時、私は十三歳だった。そして、そのあとも、もっと大きな難問がいくつも待ち構えていた。それでも、私は何とかそのための代価を支払い、最後には大きな富を手に入れた。振り返ってみるとわかるが、お金は代価を支払ったことに対する見返りだったんだ」

■安全の代価

私たちが子供の頃からずっと、金持ち父さんは息子のマイクと私に「何かを手に入れるための代価」を意識させるように気を配った。私が「貧乏父さん」と呼んでいる実の父が「安全で安定した仕事を探せ」と忠告したのに対して、金持ち父さんはこう応じた。「よく覚えておくんだ。安全には支払うべき代価がある」私がその代価とは何かと聞くと、金持ち父さんはこう答えた。「たいていの人にとって、安全の代価は個人としての自由だ。自由を失った多くの人は自分の夢を実現させるのではなく、お金のために働いて一生を終える。私にとっては、夢を実現せずに生きることは、安全に対して支払う代価としては大きすぎる」金持ち父さんはまた、税金についてよくこう言っていた。「自由よりも安全を求める人は、より多くの税金を払う。安全で安定した仕事に就いている人たちが、仕事を生み出すビジネスを所有している人たちよりも多くの税金を払うのはこのためだ」

この言葉を聞いたあと、私は二、三日それについて考え、その大切さをしっかり頭に刻み込んだ。そして、次に金持ち父さんに会った時、こう聞いた。「安全と自由のどちらかを選ばなければいけないんですか？　つまり、どちらか一方しか得られないということなんですか？」

金持ち父さんは声を上げて笑った。自分が二、三日前に言ったことについて、私がどんなに一生懸命考えたかわかったからだ。「いいや」金持ち父さんはまだくすくすと笑いながら答えた。

「どちらか一つしか得られないというわけじゃない。両方持つことだってできる」

「つまり、安全と自由の両方が持てるということですか？」

「そうさ。私は両方持っている」

「じゃ、なぜ、たいていの人にとって安全の代価が個人としての自由だなんて言ったんですか？　たいていの人は一つしか持てないというなら、なぜあなたは二つとも持てるんですか？　どこが違うんですか？」

「代価だよ」そう金持ち父さんは答えた。「これまでいつもきみに言ってきたように、どんなものにも値段がある。たいていの人は、安全に対して支払わなければならない代価は喜んで払うが、自由に対する代価は払おうとしない。たいていの人がこの二つのうち一つしか持てないのはそのためだ。彼らが持っているのはどちらか一つだ」

「で、父さんはなぜ安全と自由の両方を持っているの？」その時ちょうど部屋に入ってきて、私たちの会話の一部を耳にしたマイクがそう聞いた。

「それは私が二倍の代価を払ったからだよ。私は安全と自由の両方に喜んで支払うつもりがあった。これは車を二台持つのと同じようなものだ。例えば、トラックが必要だが、スポーツカーも欲しいと思っているとしよう。両方欲しければ、私は二倍の代価を払う。たいていの人は両方ではなくどちらかだけの支払いをしながら暮らす」

「私が支払ったような、肝心な代価は払わなくても、何らかの代価は払うというわけだ」

金持ち父さんはそう続けた。

「つまり、安全にも自由にもそれぞれ代価があって、あなたはその両方を得るための代価を支払ったんですね」私は金持ち父さんの言葉を頭に叩き込むためにそう繰り返した。

金持ち父さんはうなずいた。「そうだよ。確かに私は、両方を手に入れるための代価を喜んで払おうと思っていた。でも、そのことについては、もう一つはっきりさせておきたいことがある。それを付け加えさせてくれるかい？　もうわかったと思うけれど、私たちはだれもがいずれにしても何らかの代価を支払う。つまり、肝心な代価は払わなくても、何らかの代価は払う」

「何ですって？……」私は額にしわを寄せ、頭を振った。なんだか金持ち父さんの話は堂々巡りしているように思えた。

■作用には反作用がある

「まあまあ、説明を聞いてくれ」金持ち父さんはそう言いながら、両手を上げ、マイクと私を押しとどめるようなしぐさをした。「二、三週間前、二人の科学の宿題を手伝ってあげたことを覚えているかい？　きみたちはニュートンの法則を勉強しただろう？」

　マイクと私はうなずいた。

「じゃ、『すべての作用には、同じ大きさで逆向きに働く反作用がある』という法則を覚えているかい？」

　私たちはまたうなずいた。「ジェット機はそれを利用して飛ぶんだ」マイクがそう言った。「ジェットエンジンが後ろに向かって熱い空気を推し出《おだ》し、それによって飛行機が前に動くんだ」

「その通りだ。ニュートンの法則は万有の法則、つまり普遍的な法則だから、ジェット機に限らず何にでも応用できる」金持ち父さんはそう言ってから、自分の話についてきているかどうか確かめるために、私たちの方をじっと見た。そして、念を入れるように「何にでもだよ」と繰り返した。

「わかってる。何にでもさ」マイクはそんなふうに繰り返し言われたことに、ちょっと気分を悪くしていた。

「何にでも」という点について、私たちが自分の言いたいことを本当に理解しているか、まだ疑問を持っていた金持ち父さんはこう続けた。「何にでもと言ったのは、本当に何にでもという意味だよ」それから、「財務諸表について教えたことを覚えているかい？　支出があったら、どこか別のところに必ず収入があるはずだと説明したよね？」と続けた。

ここに来てやっと、金持ち父さんが「何にでも」と言った意味がわかりかけてきた。ニュートンの普遍的法則は財務諸表にもあてはまるのだ。「だから、どんな資産にも負債がつきものなんですね」金持ち父さんの考えについていき始めたことをわかってもらおうと、私はこう付け加えた。「普遍的な法則っていうのは何にでもあてはまるんだ」

「で、何かが上がれば、何かが下がらなくちゃいけない」マイクがそう付け加えた。「で、何かが古くなれば、何かが新しくならなくちゃいけない。アインシュタインが言ったように『すべては相対的』なんだから」

■二倍の代価が必要

「その通りだ」金持ち父さんがにこりとしてそう言った。

「で、そのことが安全と自由、そして父さんが二倍の代価を喜んで支払うつもりだったということとどう関係があるの？」マイクがそう聞いた。

「いい質問だ。それが重要なのは、二倍の代価を払わなければ、欲しいものがそもそも手に入らないからだ。ほかの言い方をすると、つまり、二倍の代価を払わなければ、支払ったとしてもそのものが手に入らないということだ」

「何ですって？」私はそう言った。「二倍の代価を払わなければ、支払ったとしてもそのものが手に入らないですって？」

金持ち父さんはうなずきながら説明を始めた。「安全のためだけに代価を支払う人は、決して本当に安全だと感じることはない。例えば仕事による安全がそうだ」金持ち父さんはきっぱりとそう言った。「安全だと勘違いすることはあっても、決して本当に安全だとは感じない」

「つまり、ぼくの父は、安心できて安全な仕事だと自分で思っている仕事に就いているけれど、心の奥底では決して本当に安全だとは感じていないということですか？」

「そういうことだ。その理由は、きみのお父さんがただ作用に対して支払っているだけで、自分の中にある反作用に対して支払っていないからだ。安全のために一生懸命働けば働くほど、つまり安全を得るための代価を支払えば支払うほど、心の奥底の不安は大きくなる」

「その反作用は不安じゃなくちゃいけないの？」とマイクが聞いた。

「いい質問だ」金持ち父さんはそう感想を述べてから続けた。「いいや。反対に作用するものならなんでもいい。安全すぎて、それに対する反作用が退屈だったり、落ち着かない気持ちだったりする場合もある。そういう人は先に進みたいと思っている。だが、そうしたら安全を手放さなければならなくなるので進めない。私たちは一人一人異なる課題を抱えている、みんな異なると私が言う理由はここにある。異なるのは、物事に対する反応の仕方、つまり反作用が異なるからだ」

「ヘビを見てパニックを起こす人がいるかと思えば、喜ぶ人もいるってことですね」私はそう付け加えた。

「その通りだ。私たちはみんな異なっている。なぜなら、みんな頭の中が違う配線になっているからだ」金持ち父さんがそう付け加えた。

■等式の両側に代価を支払う

「で、今こんなふうにぼくたちが頭の体操みたいなことをしているのは何のためなんですか？」私はそう聞いた。

「これはきみたちを考えさせるための体操だよ。きみたちにはいつも、すべてのものに値段があること、そしてそのものを手に入れるための代価が、多くの場合、目に見える値段の倍であることを覚えておいて欲しいんだ。ニュートンの法則の一方の側だけに対して支払いをしたとしても、実際には欲しいものは手に入らないかもしれない。きみ自身はその代価を支払ったと思うかもしれないけれどね」

「何か例を挙げてもらえますか？」

「さっき言ったように、私たちは一人一人異なっているから、私が挙げられるのは一般的な例だけだ。でも、一般的な法則として、どんな状況にも二つの側面があることはいつも覚えておいて欲しい。例えば、雇用主としてすぐれている人は、たいていの場合、従業員として働くところから始めている。こういう人は、従業員としての以前の経験を活かし、自分のもとで働く人たちの力を伸ばすような経営のやり方を編み出す」

「つまり、いい雇用主は誠実で、従業員たちがこう扱われたい……と望むような扱いをするということですね？」

「まさにその通りだ」金持ち父さんはうなずいた。「じゃ、今度はちょっと極端な例を見てみよう。　いい刑事になるためにはどんなことが必要だと思うかい？」

「いい刑事になるため？」マイクと私は口をそろえてそう繰り返した。金持ち父さんが脱線し始めたのではと思っていた。

「そうだ、いい刑事だ。いい刑事になるには、まず正直で、道徳的で、とても誠実でなければならない。そうだよね？」

「そう願いたいよね」マイクがそう言った。

「でも、刑事として優秀であるためには、悪党、つまり不道徳で、法律を守らず、倫理にもとるような人間とまったく同じに考える能力も必要だ。ニュートンの法則をいつも思い出すんだ。腕のいい悪党と同じように考えることもできなくては、腕のいい刑事にはなれない」

マイクと私はなるほどとうなずいた。いろいろな話を使って金持ち父さんが何を教えようとしているのか、やっとわかりかけてきた。「つまり、けちになることで金持ちになろうとする人が、結局のところ、多くの点で、お金を持っていない人と同じように貧しいままでいる理由もそこにあるんですね？」

金持ち父さんは話を続けた。「安全だけを求める人が、決して本当には安全に感じない理由も同じだよ。あるいは、危険の少ない投資ばかりを探す人が決して安心できない理由、いつも正しい人が最後には間違える理由も同じだ。そういう人は、等式の一方の側に対する代価は払っても、全部を支払わない。万有の法則を犯しているんだ」

「けんかに二人の人間が必要な理由もそれだね」マイクがそう調子を合わせた。「腕利きの刑事になるには、それと同時に腕利きの悪党でなければいけない。危険を少なくするには、危険を冒さなくちゃいけない。金持ちになるためには、貧乏がどんなものか知っていなくちゃいけない。いい投資がどんなものか知るためには、悪い投資がどんなものか知っていなくちゃいけない」

「たいていの人が投資が危険だという理由もこれだ」私はそう付け加えた。「たいていの人は安全な投資をするには、投資から得られる利益を少なくしなければならないと思っている。だから、貯蓄用の口座にお金を貯める人がこんなにいるんだ。そういう人は安全を求めるからそこにお金を入れる。そして、その安全と引き換えに利子が少なくなってもいいと思っている。でも、実際にはそのお金はインフレによって食いつぶされ、しかも利子には高い割合で税金がかかる。だから、『銀行に預けたお金のように安全』なんていうのは、それほど安全な考え方ではないんだ」

金持ち父さんは私の考えに賛成してくれた。「銀行にお金を預けるのは、預けるお金がないよりはましだ。だが、きみの言っていることは正しい。そのお金は、預けた人たちが『そう思いたい』と思って信じているほど安全ではない。その安全の幻想には支払うべき代価が伴う」

次に、マイクが父親の方を向いてこう言った。「父さんはいつも、ローリスクでしかもハイリターンの投資をするのは可能だと言っていたよね？」

「そうだ。税金をたくさん払ったり自分のお金をたくさん使ったりせずに、年利二十パーセントから五十パーセントの収益を得て、しかも安全を確保するというのはそれほどむずかしいことじゃない。もし、その人が自分のやっていることがよくわかっていればね」

「つまり、父さんがぼくたちに今言いたいのは、父さんが払った代価が、平均的な投資家が喜んで払おうという代価より高かったということだね」

金持ち父さんはうなずいた。「どんなものにも支払うべき代価があること、そして、その代価は必ずしもお金で測れるわけではないことをいつも忘れないようにするんだ」

■けちになることの値段

いわゆるお金の専門家たちが「クレジットカードを切り刻め、中古車を買え、収入の範囲内で暮らせ」と言うのを耳にするたび、私には彼らがよかれと思ってそう言っているのがわかる。確かにたいていの人にとっては、彼らのアドバイスはいいアドバイスだ。だが、金持ち父さんが言っていたように、「どんなものにも代価がある」。そして、けちになって金持ちになることの代価は、結局けちなままで終わることだ。お金は持っているのにけちな人間として暮らすのは、私に言わせれば、支払わなければならない代価としてはずいぶん高い。

金持ち父さんはこうも言っていた。「クレジットカードが問題なんじゃない。クレジットカードを持っている人のファイナンシャル・リテラシー（お金に関する読み書きの能力）の欠如が問題なんだ。ファイナンシャル・リテラシーを身につけることは、金持ちになるために支払わなければならない代価の一部だ」

クレジットカードを切り刻み、収入の範囲で切り詰めた生活をするやり方を、これほど多くの人がいやがる理由もここにある。私が思うに、たいていの人は、選択肢としてそれが与えられるならば、お金があって、しかも豊かな人生を楽しむ生き方を選ぶだろう。そして、それは可能だ。そのための代価を喜んで支払おうという人にとっては……。

第二章　間違いの値段

「私は銀行で学校の成績表を見せろと言われたことは一度もない」
——金持ち父さん

十五歳の時、私は英語で落第点を取った。理由は文章がまともに書けなかったからだが、書いた内容が先生の気に入らなかったからと言ったほうがいいかもしれない。それにスペルがめちゃくちゃだった。英語で落第点をとることは、ハイスクールの二年目、つまり十年生をもう一度やり直すことを意味していた。それに伴う心の痛みと恥ずかしさは並ではなかったが、その理由はいろいろあった。まず第一に、当時私の父はハワイ島の教育局長で、四十を超える学校の責任者だった。ボスの息子が落第生だという噂が学校から学校へと伝わると、教育界のあちこちで、忍び笑いやあからさまな笑いが起こった。理由はまだあった。落第するということは妹と同じクラスになることを意味していた。つまり妹は前進、私は後退というわけだ。それに、フットボールチームの正選手として活躍することもできなくなる。こんなに一生懸命やってきたのに……。

成績表をもらい、英語が落第点のFだとわかったその日、私は一人になりたくて、化学実験室がある校舎の裏に行った。そして、冷たいコンクリートの上にひざを抱えて座り、木造の建物の壁に背中を押し付けると、声を上げて泣き始めた。ここ数カ月、落第するかもしれないとは思っていたが、実際に成績表を見ると、一度にいろいろな思いが押し寄せてきて、抑えきれなくなった。私は一時間以上もそうやって実験棟の裏で一人座っていた。

わずかになぐさめになったのは、私の親友で、金持ち父さんの息子のマイクも落第点をとっていたことだった。それはいいことではなかったが、少なくとも、みじめな気持ちを分かち合うことのできる誰かがいるのはありがたかった。帰りの迎えの車に向かって校庭を横切っていくマイクに私は大きく手を振った。でも、マイクは歩きながら頭を横に振っただけだった。

その夜、弟や妹がベッドに入ったあと、私は父と母に、英語で落第点をとったこと、そのためハイスクールの二年目をもう一度やらなくてはならなくなったことを告げた。当時の教育制度では、英語あるいは社会を落とすと、その学年をやり直さなくてはならないことになっていた。ハワイ島の教育システムを監督していた父には、そのことがよくわかっていた。両親は私が落第するのでは……とうすうす感じてはいたが、はっきりした現実としてそれを受け止めるのはむずかしかった。父は静かに座っていた。その顔は無表情だった。一方、母は父よりもずっとつらそうだった。抑え切れない感情が母の顔に表れるのがわかった。悲しそうな表情が怒りの表情に変わる……。母は父の方を向くとこう言った。「これから一体どうなるの？　この子は本当に落第させられるの？」それに対して、父はただこう答えた。「それが決まりだからね。でも、これからどうするか決める前に、よく事情を調べてみるよ」

それから数日の間、この本で私が「貧乏父さん」と呼んでいる実の父は、実際に事情を調べて回った。その結果、私の担任教師が、三十二人のクラスの生徒のうち十五人も落第させていることがわかった。あとはDをとった生徒が八人、Aが一人、Bが四人、残りがCという内訳だった。落第生の割合があまりに高いことを知った父は、事態の収拾に乗り出した。つまり、私の父親としてではなく、教育局長として介入することにした。父はまず、公式の調査を開始するように校長に命じた。調査はクラスの生徒との面接による事情聴取に始まり、問題の教師を他校に転任させることで幕となった。それから、夏休みに特別講座が設けられ、希望する生徒には、成績を上げるチャンスが与えられることになった。英語の成績を合格点のDにして、クラスのほかのみんなと一緒に十一年生に進級できるように、私も夏の三週間をこの講座でがんばった。

父には、教師の側にも生徒の側にも、非もあるし理もあることがわかった。父が気がかりに思ったのは、落第した生徒の多くが学年のトップクラスの優秀な生徒で、その大部分が大学への進学を目指していたことだった。それで、父はどちらの側につくこともせず、家に帰ると私に次のように言った。「今回の落第を人生の大切な教訓にするんだ。このことから、おまえは多くを学ぶこともできれば、大して学ばないままでいることもできる。腹を立てて先生を非難し、恨《うら》みに思うこともできる。一方、おまえ自身の行動を振り返って、自分についてもっとよく学び、今回の経験をバネにして大きく成長することもできる。私は、先生があんなに多くの生徒を落第させるべきだったとは思っていない。だが、おまえやおまえのクラスメートたちが、もっといい生徒になる必要があるとは思っている。生徒も先生も、この経験を活かして成長してくれることを心から願っているよ」

正直言って、確かに私は先生を恨みに思った。今でもあの先生は嫌いだし、あのあと学校へ行くのが大嫌いになったのも事実だ。私は、興味のない科目や、卒業したら二度と使わないような知識を学ぶように強制されるのはいやだといつも思っていた。心の傷は深かったが、それでも私は、前より少しばかり本気で勉強に取り組むようになった。そして学習態度や学習習慣が改善された結果、ハイスクールを無事に、友達と一緒に卒業できた。

また、地元議員から、合衆国商船アカデミーへの推薦も受けることができた。私はこのアカデミーに進学し、一九六九年に理学士号をとって卒業した。

私はアカデミーで作文に対する恐怖を克服し、実際のところ、書くことを楽しめるまでになった。ただし、今でも技術的には未熟な物書きではあるが……。アカデミーですごしたあの二年間、英語を教えてくれたA・A・ノートン博士には今も感謝している。先生は、作文に対する苦手意識や、過去の苦い経験が生んだ恐怖心やわだかまりを克服する手伝いをしてくれた。ノートン博士と、ビジネス上のパートナーで共著者でもあるシャロン・レクターに出会っていなかったら、今日、私の本がニューヨーク・タイムズやウォールストリート・ジャーナルでベストセラーとして取り上げられることもなかっただろう。

あの落第事件で一番大きな意味を持っていたのは、私が父のアドバイスを受け入れ、悪い状況をできるだけよい方向に利用したことだ。今振り返ってみれば、英語で落第点を取り、もう少しで十年生をやり直す状況に陥ったのは、私にとって幸運が姿を変えてやってきたようなものだったことがわかる。あの事件は私に学校での勉強に身を入れさせ、学習態度や学習習慣をいくらか改善させるのに役立った。今思うと、もしあの時十年生で、間違いを正して出直していなかったら、私はきっと大学の途中で落ちこぼれていたことだろう。

■落第点に人生をめちゃくちゃにさせない

金持ち父さんは、息子が英語で落第点を取ったのは困ったものだと思っていた。だから、私の父が介入して、落第した生徒が単位を取り直せるように夏期講座を設けてくれたことにとても感謝していた。そして、私の父が教えようとしたのとは異なることをマイクと私に教えるためにこの経験を利用した。

「ぼくたちの人生はめちゃくちゃだ」と私が言うと、マイクがこう付け加えた。「一体何の役に立つって言うんだ？　あのたった一人の教師のせいで、ぼくらはもう絶対みんなより先に行けないんだ。おまけに、夏休みだっていうのに、学校に行かなくちゃならない」英語で落第点を取ったあと、マイクと私はよくそんなふうに不平をこぼした。ある意味で、私たちは自分たちの未来が――少なくとも夏休みが――取り上げられてしまったように感じていた。いわゆる「できる子」たちがどんどん先に進み、自分たちが取り残されていくのがよくわかった。クラスメートの多くは私たちのそばを通り過ぎる時、馬鹿にするようににやにやと笑った。中には負け犬呼ばわりしたり、「成績が悪かったらいい大学に入れない」とか「ハイスクールの英語がむずかしいなんて、大学に入ったらどうするんだ？」などと陰で言う生徒もいた。私たちは子供にありがちな、そういった辛らつな言葉を何とかうまくかわそうと、笑ってごまかした。でも、心の奥底では、私たちは傷ついていた。実際のところ、私たちは確かに負け犬のように感じていたし、取り残されたようにも感じていた。

ある日、夏期講座のあと、マイクと私は金持ち父さんのオフィスに座って、クラスメートの言葉や、それについてどう感じるか話していた。それを耳にした金持ち父さんは、椅子に座り、私たち二人の目をじっと見つめてこう言った。「きみたちの泣き言や文句は聞き飽きた。自分のことを被害者だと思ったり、負け犬のような行動をとっているのにも飽き飽きだ」金持ち父さんは座ったまま、私たちをにらみつけた。「もうたくさんだ。きみたちは失敗した。だからどうだっていうんだ？　一度失敗したからといって、何をやってもだめな人間になってしまうわけじゃない。これまでに私が何度失敗したか、考えてごらん？　自分を気の毒がるのはやめるんだ。クラスメートに勝手なことを言わせておいちゃだめだ」

「でも、ぼくらは悪い成績を取ってしまったんです」私は反論した。「この悪い成績はこれからずっとぼくたちについて回るんです。これでどうやっていい大学に入れって言うんですか？」

「いいかい」と金持ち父さんは切り出した。「もしたった一つ悪い成績を取ったからといって、それで人生が台無しになってしまうなら、どちらにしてもきみたちに未来はない。一回悪い成績を取ったことで、何もかもがうまくいかなくなるとあきらめてしまうなら、どちらにしても実社会に出たらつぶされる。実社会はハイスクールでの英語の授業なんかよりずっと厳しいんだからね。それから、きみたちがもし、あの英語教師のせいだ、あいつが厳しすぎたんだなどと思っているなら、現実の世界に出た時、ひどく乱暴に目を覚まされることになるだろう。学校の外の世界は、きみたちの英語の先生よりずっと厳しく、ずっと要求の高い人間でいっぱいだ。だから、もう一度繰り返すけど、もしきみたちが、たった一つの悪い成績や一人の英語の教師に自分たちの未来をめちゃくちゃにされたまま、それに対して何もしないというなら、どちらにしてもきみたちに未来はない」

■批判を恐れない人間が成功する

「でも、ぼくたちのことをからかったり、馬鹿にして笑う子供たちはどうなるの？」マイクが不満そうに言った。

「おいおい、冗談はよしてくれよ」金持ち父さんは少しの間くすくすと笑っていたが、じきに大声で笑い出した。「私のことを非難する人が一体何人いるか、考えてみてごらん？ロバート、きみのお父さんがマスコミで何度叩かれたか、思い出してごらん？　きみのお父さんや私の名前が何度ニュースに取り上げられたか、私が何度よくばりビジネスマンと呼ばれたか、きみのお父さんが公務員として公正さに欠けると何度非難されたか、考えてごらん？　もしきみたち二人が、にきび面のガキ連中にからかわれ、みじめな思いをさせられて、それをそのままにしておいたら、その時、きみたちは本当にだめな人間になる」

「成功する人間と平均的な人間との違いの一つは、批判にどれくらい耐えられるかだ。平均的な人間はあまり多くの批判に耐えられない。だから一生平均的でいるんだ。だから彼らはリーダーになれない。平均的な人間は、ほかの人が自分についてどう言うか、どう思うかを気にしながら生きている。だから、ほかの平均的な人間のあとにくっついて、彼らとうまくやっていくことばかり考えて生きる。つまり、批判されること、ほかの人が自分のことをどう思うか、どう批判するかを恐れて生きている。人間はいつだってほかの人間に対して批判的だ。私はきみのお父さんを批判するし、きみのお父さんが私を批判しているることは私も知っている。それでも、私とお父さんはお互いに尊敬し合っている」

「でも、人から批判されるということは、少なくともその人がきみたちの存在に気付いていることを意味する。だから、誰からも批判されないことの方を心配すべきなんだ」金持ち父さんはそう言ってからまた大声で笑った。「きみたちはほかの子供たちに話題を与えた。退屈な生活の単調さを破る何かを与えたんだ。批判にうまく対処する方法をマスターできれば、人生でとても貴重な教えを学ぶことになる」金持ち父さんは笑いながらそう言った。「いいかい、世間の三十三パーセントの人はきみたちが何をやろうと愛してくれる。三十三パーセントはきみたちが何をやろうが、いいことをやろうが悪いことをやろうがきみたちを嫌う。そして、残りの三十三パーセントは、どうであれ気にしない。きみたちが人生でやるべきことは、何をやろうときみたちを嫌う三十三パーセントの人間を無視して、中間にいる三十三パーセントを、きみたちを愛してくれる三十三パーセントに組み入れるように、できるだけの努力をすることだ。ただそれだけのことさ。批判されることより悪いのは、まったく批判されないことで、それ以上悪いことはない」金持ち父さんはそう言ってから、自分の最後の言葉を思い出し、いかにもおかしそうに笑った。

■群れの中に隠れていたのでは成功しない

「じゃ、大人でも他人の目や他人から批判されることを恐れて生きているんですか？」私は金持ち父さんの笑いに引きずりこまれないように、教えを学ぶことに気持ちを戻そうとしてそう言った。金持ち父さんは自分の言葉をおもしろいと思ったようだったが、私にはどこがおもしろいのかわからなかった。

金持ち父さんはうなずき、真顔になった。「それは人間にとって一番怖いことなんだ。

仲間はずれにされることに対する恐怖さ。一人だけほかと違って、群れの外にはじき出されるのが怖いんだ。人前で話すことが人間にとって最大の恐怖の一つだという理由もこれだ。人前で話すのが死ぬより怖いという人は大勢いるよ」

「つまり、人間は批判されるのが怖いから群れに加わり、その中に姿を隠すってこと？」マイクがそう聞いた。

「そうだ。で、それが、大金持ちになる人がこんなにも少ない理由の一つなんだ。たいていの人は平均的な人が集まった群れの中にいると安心する。批判されたり、他人と異なることを恐れて生活しながらね」金持ち父さんは話を続けた。「たいていの人は平均的であること、普通であること、隠れていること、群れがやることをそっくりそのままやること、ただみんなについていってうまくやること……そういったことの方が楽だと感じる」

「父さんが言いたいのは、英語の授業を落としたっていう今回のこの事件が、長い目で見ればぼくたちにとってとてもいいことになり得るってこと？」マイクがそう聞いた。

「もしきみたちがそれをいいことに変えたいと思うならね」金持ち父さんが静かに答えた。

「あるいは、それを悪いことに変えることもできる」

「でも、ぼくたちの成績はどうなるんです？　あの成績はこれから一生、ぼくたちについて回るんですよ」私は少し愚痴《ぐち》っぽく言った。

金持ち父さんは頭を横に振ってから、身体を乗り出し、厳しい口調でこう言った。「いいかい、ロバート。これからきみに、とっておきの秘密を教えてあげよう」金持ち父さんはちょっと待って、私が間違って解釈したりせず、まっすぐに自分の言葉を受け止めようとしていることを確かめてからこう言った。「私は銀行で成績表を見せろと言われたことは一度もない」

■銀行は成績表を見たがらない

金持ち父さんの言葉を聞いて私はびっくり仰天した。その言葉は私の思考回路をばらばらにした。つまり、「悪い成績を取ってしまったから、私の人生はもう破滅したも同然だ」という思考のつながりが切れてしまった。

「一体何が言いたいんですか？」私は力なくそう聞いた。金持ち父さんが何を言おうとしているのかよくわからなかった。

「ちゃんと聞こえたはずだよ」金持ち父さんはそう言いながら、椅子の背もたれに背中を押し付けて身体を前後に揺らすようにした。金持ち父さんには、自分の言葉が私の耳に届いたことはわかっていた。ただ、その言葉の意味が私の心に届くのを待っていた。金持ち父さんは、自分が言おうとしていることが、親戚に教育者が何人もいる私の家庭の中心的《コア》・

価値《バリュー》を揺り動かすものであることを知っていた。

「銀行で成績表を見せろと言われたことは一度もない？」私は静かにそう繰り返した。「成績は重要じゃないって言いたいんですか？」

「そんなことを言ったかい？」金持ち父さんが聞き返した。「成績は重要じゃないなんて、そんなことを言ったかい？」

「いいえ」私はちょっと不安げに、落ち着きなく答えた。「そうは言っていませんけど……」

「じゃ、何と言ったんだ？」

私はすぐさま答えた。今度は金持ち父さんの答えをきちんと繰り返すことができた。

「『銀行で成績表を見せろと言われたことは一度もない』って言ったんです」私の家庭では、立派な成績表といい点数がほとんど神聖といっていいほどの価値を持っていた。

「銀行の人に会いに行っても、相手は『あなたの成績表を見せてください』とは言わない。そうだろう？」金持ち父さんがまた話を始めた。「銀行の私の担当者は『学生時代、成績はオールAでしたか？』とか『成績表を見せてくれますか？』と聞くだろうか？『わあ、あなたはすごく成績がよかったんですね。どうか百万ドル、うちから貸付けさせてください』なんてことを言うだろうか？」

「そんなことはないと思う」とマイクが言った。「少なくともぼくが父さんと一緒に銀行に行った時に、銀行の人が父さんに成績表を見せろ、なんて言ったことは一度もない。それに、銀行はＧＰＡ（成績の平均値）がいいからってお金を貸すなんてこともしない」

「じゃあ、銀行の人は何を見せろと言うんだい？」金持ち父さんが聞いた。

「財務諸表だよ」マイクは静かに答えた。「銀行の人はいつでも最新のＰ＆Ｌ、つまり損益計算書と貸借対照表を提出しろと言う」

■財務諸表が成績表になる

金持ち父さんは話を続けた。「銀行の人たちはいつも財務諸表を提出するよう求める。誰に対してもだ。銀行は相手が誰でも、金持ちだろうが貧乏だろうが、高い教育を受けていようがいまいが、お金を貸す前に財務報告書の提出を求めるが、それはなぜだと思うかい？」

マイクと私は黙ってゆっくりと頭を横に振り、金持ち父さんの答えを待った。「そんなこと、今まで一度も考えたことがないよ」しばらくして、待ち切れなくなったマイクが言った。「教えてよ」

「それはね、学校を卒業したあとは、財務諸表が成績表になるからだよ」金持ち父さんは力強く、低い声でそう言った。「問題は、たいていの人が、財務諸表が何かも知らずに学校を卒業するってことだ」

「学校を卒業したら、財務諸表がぼくの成績表になる？」私は疑り深そうに聞いた。

「ああ、きみの成績表の一つで、とても大事な成績表だ。そのほかに、毎年受ける健康診断の結果、体重、血圧なんかも成績表の一つだし、気持ちの上で夫婦の間がうまくいっていることなんかもそうだ」

「じゃあ、学校時代の成績がオールＡでも、世の中に出てから財務諸表が全部Ｆだという人もいるんですか？」私はそう聞いた。「あなたが言っているのはそういうことなんですか？」

金持ち父さんはうなずいた。「そういうことはしょっちゅうあるよ。学校でいい成績をとった人が、実生活でのお金の面の成績は平均以下っていうことがよくある」

■世の中に出てから肝心なのは財務諸表

十五歳の時、落第点を取ったことは、結局のところ、私にとってとても貴重な経験となった。なぜなら、学業に対する私の態度が悪くなっていたことを気付かせてくれたからだ。落第点は私の目を覚まさせ、悪いところを直すきっかけを与えてくれた。同時に、人生の早い時期に、学校では成績が大切だが、学校を卒業したら財務諸表が成績表になるのだということにも気付かせてくれた。

金持ち父さんは私にこう言った。「学校では学期ごとに成績表をもらう。成績が悪くても、少なくとも本人が望めば、成績をよくするための時間は与えられている。実社会で、多くの大人は自分の経済状態についての成績表をもらったりしない——手遅れになるまでね。だから、お金の面で安心していられる生活を営むために必要な改善をしない。こういう人は高給を取り、大邸宅に住み、高級車を乗り回し、仕事もよくできるかもしれないが、個人的な財政面では落第生だ。自分が落第生だったとやっと気がついた時には、もう年をとりすぎていて時間が残っていないかもしれない。これが、最低でも三カ月に一度、お金の面での成績表をチェックしないでいた場合、支払わなければならない代価だ」

■間違いから学ぶ

私の父は二人とも、自分の息子が学校で落第点をとったことを喜びはしなかった。だが、私たちをだめな人間として扱ったりしなかった。その代わり、間違いから学ぶように私たちを励ました。教師だった私の父が言っていたように、「fail（失敗する）は名詞ではなく動詞だ」。だが残念なことに、失敗するとそれを名詞に変えてしまって、自分に落伍者のレッテルを貼ってしまう人が多すぎる。

子供が何度も転びながら自転車の乗り方を学ぶように、間違いから「学ぶ」ことを「学ぶ」ことができれば、その人の前にはまったく新しい世界が開けるだろう。間違いを避けたり、嘘をついたり、他人を責めてばかりいる人間の群れについていく人は、そうやって学ぶように人間が設計されている基本的なやり方、つまり間違いを犯してそこから学ぶというやり方を利用しそこなうことになる。

もし十五歳の時、学校で落第点を取らなかったら、私は大学を卒業できなかったかもしれないし、学校を出たあとの人生の成績表が個人の財務諸表だということも学ばなかっただろう。十五歳の時のあの間違いは、長い目で見るとなにものにも換えがたいほど貴重だった。大きな財産を築く人がこれほど少ない理由は、単にみんな充分に間違いを犯さないからだ。そこから学ぶ姿勢があれば、間違いは限りなく貴重なものになり得る。

間違いを犯してもそこから何も学ばない人は、よく「私のせいじゃない」と言う。これは、人生に与えられたすばらしい贈り物のうちの一つ、間違いを犯す能力を無駄にしている人の言葉だ。刑務所はどこも「私は悪くない。私のせいじゃない」と言い続ける人であふれているし、通りには、家や学校で教えられた「安全第一にしろ。間違いを犯すな。間違いは悪いことだ。間違いをたくさん犯す人は落伍者だ」という言葉ばかり繰り返しているために、満足できる人生が送れないでいる人たちがうようよしている。

講演会などで話す時、私はよくこう言う。「私が今日みなさんの前に立っているのは、私がこれまでに、ここにいらっしゃるたいていの方より多くの間違いを犯し、多くのお金を失ってきたからです」つまり、言い換えるなら、金持ちになるために支払わなければならない代価とは、喜んで間違いを犯そうという気持ち、他人を責めたり自分を正当化したりすることなく、自ら進んで間違いを認め、学ぼうという気持ちだ。多くの場合、人生で最も成功できないのは、喜んで間違いを犯そうという気持ちがない人、あるいは間違いを犯してもそこから何も学べない人だ。だから、次の日にはまた同じ間違いを犯し、それを繰り返す。

第三章　教育の値段

「教育が高くつきすぎると思うなら、無知を試してみればいい」
――ドルフ・デ・ルース博士

私は時折、「あなたは、学校に行く必要なんてないと言っているんですか？」と聞かれることがある。そんな時私は、はっきりこう答える。「いいえ。そんなことは言っていません。今はこれまでのどんな時代よりも教育が大切です。私が言っているのは、教育システムが時代遅れになっているということです。古い産業時代のシステムが情報時代に適応しようとしているのですが、残念ながら、それはうまくいっていません」

経済史の専門家たちによると、一九八九年、ベルリンの壁が崩壊し、インターネットが台頭した時、産業時代が終わり情報時代が正式に始まった。次に挙げた表は、この変化を簡単に比較したものだ。

産業時代
仕事による安定
終身雇用
一つの職業
確定給付年金プラン
（責任を持つのは雇用者）
社会保障（確実）
高齢者医療保険（確実）
年齢は資産
勤務年数に基づく昇給

情報時代
本当の意味の経済的安定
フリーエージェント
複数の職業
確定拠出年金プラン――４０１（k）
（責任を持つのは被雇用者）
社会保障（不確実）
高齢者医療保険（不確実）
年齢は負債
昇給は負債
（最新の技能を持ち、より安い給料で働く若い従業員を探す雇用者が多いから）

■大事なのは本当の意味での経済的安定

私の父と母は大恐慌の時代に育った。あの歴史的な出来事は、二人の頭脳的および感情的ものの考え方に大きな影響を与えたように思う。二人がよく「安心できる安定した仕事に就けるように、いい成績をとりなさい」と強く言っていたのはそのためだ。

今日の経済を見た場合、問題は仕事がありすぎることだ。雇用者に聞いてみればわかるが、だれもがいい従業員を探すのに必死だ。

今問題なのは、仕事による安定ではなく、本当の意味の経済的安定だ。こうなった主な理由は、引退後の生活費を支払う責任が雇用者から従業員へと移ったことだ。つまり、産業時代の年金プランである確定給付プランから、情報時代の年金プランである確定拠出プランに変わったからだ。

今の確定拠出年金プランには大きな問題が三つある。一つは年金資金が従業員の拠出によって成り立っているのに、今生き延びるためにお金が必要だという理由で、まったく拠出していない従業員が大勢いることだ。二つめの理由は、それらのプランが株式市場と連動している、つまり株式市場が上がればプランもうまくいくという仕組みになっていることだ。だから、ここ数年のように市場が暴落すれば、従業員の年金プランも同じ運命をたどる。三つめの理由は、確定拠出型の年金プランは、引退者がそれを最も必要とするまさにその時に、すでになくなっている可能性があることだ。

例えば、引退者が八十五歳になった時に、年金プランの資金が尽きたとしよう。かつての雇用者はこの引退者に対して、何の責任もない。一方、産業時代の確定給付型の年金プランであれば、この引退者がいくつまで生きようと、雇用者がずっと面倒を見続けるだろう。

私が一番心配なのは、政府の社会保障プログラムと高齢者医療保険《メディケア》だ。これらのプログラムが面倒なことになっているのは、選挙を控えた政治家たちがそれを「救う」と約束をすることからもわかる。この二つのうち、私がより心配しているのは脅威にさらされているアメリカの高齢者医療保険システムだ。年をとるにつれ、私たちの生活コストは下がるかもしれない。だが、医療費は大幅に上がる。重い病気にかかれば、家一軒買うよりも多くのお金がかかる場合もある。今日、個人が破産に陥るケースの多くの背後にある原因は、資産管理の失敗ではなく、重い病気だ。

私の友人のそのまた友人は、最近、交通事故で重症を負った。その家の稼ぎ手は彼一人で、医療保険も充分な補償をしてくれなかったので、この人は持っているものすべてを売らなければならなかった。さらに悪いことに、一番下の娘が白血病にかかっていることがわかった。今、この家族は救いの手を差し伸べてくれる人々からの寄付と援助を探し求めている。

■時間のずれ

情報時代にはより多くの教育――これまで私たちが受けてきたような昔ながらの教育ではない教育――が必要だと私が言う理由はたくさんあるが、そのほんの一部をこれから紹介する。

ビジネスの世界で「時間のずれ」が一番大きい業種は教育と建設だ。ここで言う時間のずれとは、新しいアイディアの着想と、それが業界に受け入れられるまでの時間のことを指す。コンピュータ業界では、この時間のずれはおよそ一年だ。航空宇宙産業の場合は二年、つまり新しいアイディアが生み出され、それが業界に受け入れられて応用されるまでに二年しかかからない。教育業界と建築業界では、この時間のずれがおよそ五十年ある。教育システムが時代に追いつき、産業時代が終わったという認識に達することを待ち望んでいる人たちのためにあらかじめ言っておくが、それは二〇四〇年まで無理なような気がする。子供に昔ながらの学校をやめさせ、家で教育する道を選ぶ親がこんなに増えている理由の一つはここにある。

時間にずれが起こるのは産業だけではない。個人にも起こり得る。産業時代、時代の花形とも言うべき公式はアインシュタインの $E=mc^2$ だった。また、二つの超大国が世界を左右する力を持ち、人々は二国間の核戦争の可能性に脅《おび》えながら暮らしていた。情報時代になると、インターネットの発達により力が分散された。今、世界を担っているのはムーアの法則だ。この法則は、情報とテクノロジーのすばやい発達についての法則だ。現在これは「情報とテクノロジーは十八カ月ごとに二倍になる」と解釈されている。つまり、私たち一人一人が十八カ月ごとに情報を二倍にする必要があることを意味する。情報時代には、何を学ぶかよりも、どれほど速く学べるかの方が重要だという理由はここにある。

今、古い情報を持っている人からアドバイスをもらうのは危険だ。情報時代には、たった十八カ月で情報は古くなり得る。時間的にずれのある人、つまり、古い答えしか持っていない人からアドバイスをもらうのはやめたほうがいい。古い答えは雑学知識を問われるテレビのクイズ番組には使えるかもしれないが、現実の世界では役に立たない。

■情報時代に必要な教育

私の二人の父は多くの点から言って、どちらもすばらしい教育者だった。これまでに出した本でもお話しした通り、二人は、自分が大事だと信じていることを教えてくれたが、その内容は同じではなかった。この二人から学んだことを簡単にまとめるために、私は次のような分類を考え出した。

例えば体育、音楽、美術、精神教育など、教育にはたくさんの種類があり、そのどれも大切だが、次に挙げる三つは、情報時代に最低限の安全を確保するために必要とされる、基本的な教育と言っていいと思う。

1. **学問的教育**——読み書き、計算を教える教育。
2. **職業的教育**——お金のために働くのに必要な技能を教える教育。例えば医者や弁護士、配管工、秘書、電気工、教師になるための教育。
3. **ファイナンシャル教育**——お金を自分のために効率よく働かせる方法を教える教育。

この三つの教育がどれも欠かせないことは明らかだ。読み書きや計算ができなかったら、普通の生活を送るのもとても大変だ。だが、残念ながら、このような基本的なことがうまくできないまま学校を卒業する学生が大勢いる。二〇〇〇年五月七日付のアリゾナ・リパブリック紙に、「ロサンゼルスの学校で数千人が留年」という見出しの記事が載っている。その記事の内容をまとめるとこうなる。

・全米で二番目に大きい学区が、今年、膨大な数の学生を落第させる計画を思いとどまった。

・ロサンゼルス統一学区局では、はじめ、同学区内の学生七十一万一千名の三分の一にあたる二十三万七千名を留年させるつもりだったが、多くの学生を留年させることが学校を機能停止に追い込むのではないかという懸念から、進級基準を引き下げることにした。

この判断は正しい。当局は、基本的な読み書き、計算の能力を身につけられなかったからという理由で、二十五万人近い学生を落第させる必要があった。学生を進級させたのは、落第させたら学校が機能停止に追い込まれるかもしれないと思ったからだ。一生学問的に機能停止状態になる学生たちにとって、これは重大問題だ。

これが時間のずれのある産業の一つの例だ。学生たちは変化しているのに、学校システムが相変わらず伝統的なやり方で学生を教育していることは明らかだ。個人的な感想を言わせてもらうなら、私は学校が退屈だった。自分にどう関係があるかもわからなかったし、両親のように、仕事による安定を得るためにいい成績をとる必要があるという考え方に刺激されてやる気を起こすこともなかった。学問的教育は今、これまでのどんな時代より大事になっている。だが、今の教育システムは時代に追いつけないでいる。だから、システムが変化するのを待つ間にも、学生の学問的教育が犠牲になっている。

私の実の父は一時期、ハワイの教職員組合のトップだった。おかげで、私は教師にとってどんなに組合が大事か理解できるし、教師の心配や不安の多くを自分のこととして考えられる。またそれと同時に、学生の気持ちもわかる。だからこそ、今までになく教育が重要性を増しているこの時期に、適切な教育が受けられないことの長期的な影響について心配しているのだ。

次に職業的教育について考えてみよう。これもとても重要だ。例えば、ハイスクールを卒業したばかりの人の時間給はわずか十ドルかもしれないが、その人が電気工になるための学校に通えば、時間給は簡単に五十ドル、あるいはそれ以上に上がる可能性がある。一時間あたりの差額四十ドルを、一日八時間、週五日、月に四週間、年に十二カ月、四十年間働くとして計算してみれば、職業教育への投資が、時間とお金の投資先として最高の見返りをもたらすものであることがわかる。医者の大部分が、医者になるために、ハイスクール卒業後十年から十五年、余分に時間を投資していることを考えれば、ほかの人よりも多少多く支払いを受けて当然と彼らが感じるのも不思議はない。

■だれにとっても必要なファイナンシャル教育

学校でいい成績を取ろうが取るまいが、あるいは将来医者になろうがビルの管理人になろうが、ある程度の基礎的ファイナンシャル教育はどんな人にも必要だ。その理由は、何をしようと、何になろうと、私たちはみんなお金を扱うことになるからだ。私はよく不思議に思う——なぜ学校でお金についてあまり教えないのだろう？　私は銀行から成績表を見せろなどと言われたことは一度もないのに、学校システムはなぜ点数や成績ばかりに焦点を合わせるのだろう？

私はこういった疑問を教育者にぶつけたことがあるが、返ってきた答えはこうだった。「学校ではきちんと経済を教えている」「わが校の学生の多くは、株式市場で投資する方法を学んでいる」「うちの学校ではビジネスに興味のある学生のために、ジュニア・ビジネスプログラムというのを用意している」これも私にはよくわかっていることだが、システムに携わる人たちは自分が知っていることを学生に教え、最善を尽くしている。でも、銀行の人に聞けばたいてい、株式だけを集めたポートフォリオや学生時代の経済学の成績以上のものを見たいという答えが返ってくるだろう。

友人のドルフ・デ・ルースが言っているように、「教育が高くつきすぎると思うなら、無知を試してみればいい」。教育の程度には関係なく、たいていの人の場合、その人が「何を知っているか」よりもむしろ「何を知らないでいるか」の方が高くつく。教育の不足の例を一つだけ見てみよう。それは税金の問題だ。私たちの大部分は、支出のうち、それ一つで一番大きな割合を占めているのが税金だということを知っている。私たちはお金を稼いだ時、使った時、貯めた時、投資した時、そして死んだ時に課税される。

ここで、従業員が支払う税金とビジネスオーナーが支払う税金を比べて違いを見てみよう。四十年間、税金を払ったとして考えると、その差額は驚くほど大きい。学校へ行き、いい成績を取り、いい会社に入ったのにお金のことで苦労している人がこんなに多いのは、ただ単純に、彼らのお金の大部分が政府――私たちを教育している政府、あるいはもっと正確に言うなら、教育しそこなっている政府――の懐《ふところ》に流れているからだ。しかも、このような税金の問題は、ファイナンシャル教育の世界のほんの一部にすぎないのだ。

■基本的なファイナンシャル教育

次に、財務諸表を読めない人、それどころか、財務諸表が何なのかすら知らない人たちに何が起こるか、あるいは、資産と負債、いい借金と悪い借金、借入金と自己資本の違いを知らない人、不労所得と勤労所得とポートフォリオ所得の違いを知らない人たちに何が起こるか、そのためにどれだけ支払いをしなければいけないかを計算してみよう。ある人の基本的ファイナンシャル・インテリジェンス（お金に関する知性）をむしばむのは、このような基本的ファイナンシャル教育の欠如だ。そして、多くの人が仕事に就き、一生懸命働き、たくさんのお金を稼いでいる場合も多いのにもかかわらず、金銭的に成功できないでいる理由は、このファイナンシャル・インテリジェンスの欠如にある。そういう人は、仕事による安定は手にしているかもしれないが、本当の意味の経済的安定は決して見つけられない。

金持ち父さんはよくこう言っていた。「ファイナンシャル・インテリジェンスは、どれほど多くのお金を稼げるかを意味するのではなく、どれほど多くのお金を持っていられるか、どれくらい効率よくお金を自分のために働かせられるか、そして、そうやって手にしたお金を何世代先まで残すことができるかを意味する」中流以下の家庭の子供たちが金銭的な面でハンディキャップを背負って人生のスタートを切る理由の一つは、彼らの親が、子供に金銭的に遺してやるものを何も持っていないことだ。会社勤めをしている人が、自分の仕事や会社での年金プランを遺言に含め、子供に遺すのはなかなかむずかしい。私にはそのことが身にしみてわかる。なぜなら、私の両親は子供たちが人生のスタートを切るのに、ほんのわずかのお金しか遺してくれなかったからだ。

一方、金持ち父さんは子供たちに何百万ドルものお金を与え、金銭的に有利なスタートを切らせることができた。ジョン・F・ケネディ・ジュニアが亡くなった時、彼は姉キャロラインの二人の子供に、それぞれ何億ドルもの遺産を残した。ここでちょっと考えてみて欲しい。何億ドルものお金を持って有利なスタートを切れたとしたら、あなたの人生はまったく違うものになっていたのではないだろうか？　毎朝起きて仕事に出かけるのではなく、ほかにもいろいろなことができたのではないだろうか？

■お金に関して知っておくべき大事なこと

「お金について何を知る必要がありますか？」と聞かれると私はいつもこう答える。「銀行の人に、銀行にとって何が大事か聞きなさい。そうすればお金に関して何が重要かわかります」これまでに私が犯した数々の間違いのうち、一番「よかった」間違いが、ハイスクールで悪い成績を取ったことだという理由はここにある。もしあの悪い成績を取らなかったら、悪い成績が重要だと銀行が考えないことに永遠に気付かなかったかもしれない。銀行の人が見たがるのは私の財務諸表だけだ。そして、前にも言ったように、たいていの学生は財務諸表が何であるかも知らずに学校を卒業する。

財務諸表のどこを見るかは人によって異なる。これまでの本の中でも言っている通り、財務諸表を見るのはその人の人生の物語を読むようなものだ。それはまた、その人のファイナンシャル・インテリジェンスがどれくらい高いか、あるいは低いかを読む人に教えてくれる。次に紹介するのは、財務諸表を見る時に注意するように金持ち父さんが私に教えてくれたことの一部だ。ここで使った財務諸表は、ファイナンシャル・リテラシーと投資の基礎を教えるために私が開発したボードゲーム『キャッシュフロー101』で使うゲームシートと同じものだ。

■所得の三つのタイプ

私のほかの本を読んだことのある人は、金持ち父さんが私に、三つの異なるタイプの所得があると教えてくれたことを覚えているかもしれない。その三つとは、勤労所得、不労所得、ポートフォリオ所得だ。今、個人や会社の財務諸表を手にすると、収入の欄を一目見るだけで、私にはすぐにその人、あるいはその会社が金持ちになるか、貧乏になるか、または中流になるかがわかる。

次ページにあげた図①の財務諸表は、中流以下の人のやり方でお金を管理している人のものだ。そう判断する理由は、収入が勤労所得、この場合は給与所得だけだからだ。このタイプの所得で金持ちになるのは非常にむずかしい。その可能性がゼロに近い理由の一つは、この人が昇給して勤労所得が上がると、常に政府の取り分も増えるからだ。もう一つの理由は、この人が仕事をやめたとすると、たいていは勤労所得もストップしてしまうことだ。

①『キャッシュフロー101』で使う財務諸表。これを見ると財務諸表の仕組みがわかる

職　業　　**プレーヤー**

目標：総支出を上回る不労所得を得て、ラットレースを抜けてファーストトラックへ移ること。

損益計算書

収　入

項　目	キャッシュフロー
給料：	$ XXX
利息：	
配当：	
不動産：	
ビジネス：	

中流以下の人はここに焦点を合わせる（勤労所得）
できるだけ高い給料がもらえる仕事をさがす

監査役

（あなたの右隣の人）

不労所得＝
（利息＋配当＋不動産＋ビジネスからのキャッシュフロー）

総収入：

支　出

税金：
住宅ローン：
教育ローンの支払：
自動車ローンの支払：
クレジットカードの支払：
小売店への支払：
その他の支出：
育児費：
銀行ローンの支払：

子どもの数：
（0からスタート）
子ども一人あたりの
育児費：

総支出：

毎月の
キャッシュフロー：
（ペイチェック）

貸借対照表

資　産			負　債
貯蓄：			住宅ローン：
株／投資信託／譲渡性預金：	株数	一株あたりの価格	教育ローン：
			自動車ローン：
			クレジットカード：
不動産：	頭金	価格	小売店のつけ：
			不動産ローン：
ビジネス：	頭金	価格	負債（ビジネス）：
			銀行ローン：

次ページの図②の財務諸表は、どんどん金持ちになる可能性のある人の財務諸表だ。その理由は、この人にはすでに不労所得とポートフォリオ所得があるからだ。この不労所得は不動産からの収入で、税率が一番低い所得だ。ポートフォリオ所得というのは、株式、債券、投資信託、利子のつく各種口座、そのほかそれに類するいわゆる「紙の資産」からの収入を意味する。

ケネディ家の子供たちは一度も仕事を必要としたことがない、つまり給料を必要としたことがない。それは、初期のケネディ家の人間たちが、不労所得とポートフォリオ所得が金持ちのための所得だと知っていたからだ。ケネディ家の子供たちも仕事をする道を選んできたが、そうする必要がなかったことは明らかだ。何億ドルもの価値があるポートフォリオを持っていれば、不労所得とポートフォリオ所得だけで、金持ちや有名人のライフスタイルを続けるのに十二分なのだから。

億万長者になりたいと真剣に思っているすべての人にとって、ボードゲーム『キャッシュフロー』が大事な理由の一つは、このゲームが勤労所得を不労所得とポートフォリオ所得——金持ちのための二つの所得——に変える方法を教えてくれるからだ。勤労所得だけで金持ちになるのはほとんど不可能だ。だが、残念なことに、たいていの人はそうしようとしている。宝くじで大当たりした人の多くが結局文無しになってしまう理由の一つは、

②どんどん金持ちになれる活動をしている人の財務諸表

職　業　　　　**プレーヤー**

目標：総支出を上回る不労所得を得て、ラットレースを抜けてファーストトラックへ移ること。

損益計算書

収　入

項　目	キャッシュフロー
給料：	
利息：	$ XXX
配当：	$ XXX
不動産：	$ XXX
ビジネス：	$ XXX

金持ちはこの種の所得に焦点を合わせる（不労所得およびポートフォリオ所得）

これらの所得が彼らを金持ちにする

監査役

（あなたの右隣の人）

不労所得＝

（利息＋配当＋不動産＋ビジネスからのキャッシュフロー）

総収入：

支　出

税金：

住宅ローン：

教育ローンの支払：

自動車ローンの支払：

クレジットカードの支払：

小売店への支払：

その他の支出：

育児費：

銀行ローンの支払：

子どもの数：

（0からスタート）

子ども一人あたりの

育児費：

総支出：

毎月の

キャッシュフロー：

（ペイチェック）

貸借対照表

資　産

貯蓄：		
株／投資信託／譲渡性預金：	株数	一株あたりの価格
不動産：	頭金	価格
ビジネス：	頭金	価格

負　債

住宅ローン：

教育ローン：

自動車ローン：

クレジットカード：

小売店のつけ：

不動産ローン：

負債（ビジネス）：

銀行ローン：

勤労所得を不労所得やポートフォリオ所得に変えようとしないからだ。

だが、このゲームでもっと大事なのは、財務諸表がどう働くかを教えてくれることだ。これは本を読んだだけでは学ぶことはできないし、このゲームをやったとしても二、三回やっただけでは学べない。人間は繰り返すことによって学ぶ。だから、このゲームを繰り返しやれば、学校を出たあとの「成績表」である財務諸表で使われる専門用語をマスターするのに必ず役立つ。

また、財務諸表が実際にどんなふうに機能するか繰り返し学ぶことにより、金持ちの所得である不労所得とポートフォリオ所得の重要性もしっかり認識できるようになるだろう。そのほかに、いい借金と悪い借金の違いを知ることの重要性も教えてくれる。このゲームを繰り返しやっていると、たいていの人が家庭や学校で教え込まれ、条件付けられている基本的な考え方、つまり、お金のために働くという考え方から次第に離れてくる。このゲームはあなたの脳に、勤労所得を不労所得とポートフォリオ所得に変える方法を叩き込んでくれる。

■ゲーム『キャッシュフロー』に対する不満

次に、このゲームに関してよく聞かれる不満を三つ紹介しよう。

1．学ぶべきことを学ぶまでに時間がかかる

私は、ゲーム全体の基本をマスターするために、四時間のゲーム会を二回やるように勧めている。四時間のうち三時間はゲームをやり、残りの時間で、ゲームから学んだことをほかのプレーヤーと話し合う。この最後の一時間の反省会が、ゲーム会のうちで一番よかったと言うプレーヤーは多い。話し合いの中で、プレーヤーは自分が実生活でぶつかっている金銭的問題をゲームに照らし合わせて考える。ゲーム会を二回やると、ゲームに勝つために、さまざまに異なる金融戦略をよりうまく使えるようになる。プレーヤーはゲームをするたび、異なる困難な状況を突きつけられる。ゲームの中で与えられるさまざまな課題に立ち向かい、それを解決することにより、あなたのファイナンシャル・インテリジェンスは高まる。

2．ゲーム自体にかかる時間が長すぎる

確かにこのゲームは時間がかかる。特に、学び始めたばかりの頃はそうだ。だが、ゲームをするたびにぶつかるさまざまな状況を解決する方法をプレーヤーが学ぶにつれ、ゲームにかかる時間は短くなる。このゲームの目的は、だいたい一時間でゲームを終わらせる

ように、毎回挑戦することだ。プレーヤーのファイナンシャル・インテリジェンスが上がるにつれて、ゲームにかかる時間は短くなる。

3．値段が高すぎる

アメリカでは、『キャッシュフロー１０１』はビデオ一本とカセットテープ三本付きで百九十五ドルで売られている。ビデオとカセットテープは学習を助けるためのもので、全体で一つの教材パッケージになっている。上級編にあたる『キャッシュフロー２０２』をプレーするには『１０１』のゲーム盤が必要で、『２０２』だけだと九十五ドルだ。そのほかに六歳以上の子供向けの『キャッシュフロー・フォー・キッズ』が五十九・九五ドルで売られている（日本語版についての情報は巻末を参照して下さい）。

値段が高い理由は、製品の数が限られていることと、最初に紹介した二つの不満にある。私たちが価格を高く設定したのは、この商品がファイナンシャル教育に真剣に取り組もうとしている人だけを対象として開発された教材であることをよくわかってもらいたいと思ったからだ。市場調査をしてわかったことだが、ゲームは値段が安ければ安いほど、娯楽向けのゲームと受け止められがちだ。私たちはまじめに学習するつもりのない人がこれを買ったら、あとで返金を求めてくるのではないかと心配したのだ。これらのゲームが教育用のものであることを認識する人がもっと増え、生産量も増えれば、もっと安くできるかもしれない。

やり方をマスターしてしまえば、このゲームは楽しい。だが、自転車の乗り方を覚えるのと同じで、学習のはじめの段階はかなり大変かもしれない。

二〇〇三年に完成した電子版の『１０１』と『フォー・キッズ』は、ウェブサイトwww. richdad-jp. com を通して手に入れることができる（現在は英語版のみ）。この二つを作るには研究開発に何年もの時間をかけた。それは、プレーヤーが協力して学ぶ方法や、ゲームのあとにゲームについて話し合うといった要素を取り入れることが重要だと私たちが考えたからだ。電子版では、プレーヤー数人で一つのコンピュータを使い、コンピュータが作り出したほかのプレーヤーと対戦することができるが、それだけでなく、オンラインで世界各地のプレーヤー（最高四人まで）と『キャッシュフロー１０１』を楽しむことができるようになっている（現在は電子版の『２０２』もある）。

■子供のころから身につけたいファイナンシャル・リテラシー

今のところ『キャッシュフローゲーム』はどれも、ファイナンシャル教育について真剣に考えている人だけを対象にしている。金持ち父さんが言っていたように「投資できるものは二つしかない。それは時間とお金だ」。たいていの人は時間やお金をファイナンシャル教育に喜んで投資しようとは思わない。米国健康教育福祉省の調査で、百人のアメリカ人のうち六十五歳までに大金持ちになれるのがたった一人だという結果が出た理由はここにある。

私たちは、ファイナンシャル教育がさらに受けやすいものになり、百人中一人というこの割合がもっと大きくなることを心から望んでいる。学校が基本的なファイナンシャル・リテラシーを教えないことについては、今後もその不備を指摘していくつもりだが、その一方で私たちは、社会に「お返し」をするために、金銭に関する基本的な概念をインターネット上で教えるためのカリキュラムを開発し、それを学校に導入する手助けをすべきだと考えた。教師のために、教師とともに開発されたこのカリキュラム（www.richkid-smartkid.com で手に入れることができる）には四つの簡単なゲームがついていて、資産と負債の違い、勤労所得と不労所得とポートフォリオ所得の違い、いい借金と悪い借金の違い、さらに慈善行為の大切さを教えてくれる（現在は英語のみ）。

『キャッシュフロー・フォー・キッズ』の電子版は私たちのウェブサイトを通じて、世界中の教師と学校が手に入れられるようになっている。子供たちが早い時期にお金に関する基本的な概念を身につけることができれば、大人になって直面する世界に対する準備がよりよくできるし、金銭的に成功する可能性も高くなるに違いない。

■テストの点数をつけるのはだれか?

前にも言った通り、学校で成績表をもらう大きな理由の一つは、自分がどれくらいできるか、また、どこを直す必要があるかを教えてくれる「指標」を得るためだ。財務諸表が学校を出たあとの成績表だということを知らないでいるために、金銭的に自分がどれくらいうまくやっているか、本当のところを知らないでいる人がたくさんいる。多くの人は、収入を増やせる可能性を最大限まで伸ばすことが出来ず、結局は一生の大部分を金銭的な苦労をしながらすごす。

私の実の父、貧乏父さんは、確かに学校の成績はほとんど全部Aの優等生だったが、五十歳で仕事を失うまで、自分が金銭的に成功していないことに気が付かなかった。父が哀れだったのは、金銭的な問題を抱えているとわかっても、どうしたらいいかわからなかったことだ。父にわかっていたのは、お金が入ってくるより速く出ていっていることだけだった。財務諸表を作成したり、読んだりする方法、あるいは、金銭的な失敗を経験したあとに自分でそれを修正する方法を知らないでいると、このような代価を支払わなければならない。学校で『キャッシュフロー』ゲームをやることで、子供たちは自分の財務諸表の大切さをよりよく理解し、学校を出たあと、人生の成績表である財務諸表を作る方法を学ぶことができる。

もう一度ここで、『キャッシュフロー』ゲームで使う財務諸表を見てみよう（図③）。よく見ると、損益計算書の右側に「監査役」と書かれている欄がある。

セミナーでみんながこのゲームをやっているのを見ていると、この監査役の欄に何も書き入れていないプレーヤーがたくさんいるのによく気付く。そんな人になぜ、空欄のままにしておくのか聞くと、よく「これって大事なんですか？」「私は自分のやっていることをチェックしてもらう必要はありません」などという答えが返ってくる。私はそれを聞くと、少し厳しい口調で、監査役――この場合は自分以外のプレーヤーのうちのだれか一人――こそ、このゲームで一番大事な要素の一つなのだと強調して、プレーヤーにその重要性をわかってもらう。

このゲームはお金に関わる「いい習慣」を強化することを一つの目的にしている。定期的に自分の財務諸表をチェックしてもらうことは、金持ちになりたい人には欠かせない、お金に関する習慣だ。つまり、監査役は多くの点で、学校の教師のようなものだ。定期的にあなたの仕事をチェックしてくれ、どのように進歩しているかを教えてくれる。そして、必要な場合は間違っている点を正す手伝いをしてくれる。電子版『キャッシュフロー１０

③監査役はあなたのファイナンシャル・コーチ（あなたの良心）

職　業　　　**プレーヤー**

目標：総支出を上回る不労所得を得て、ラットレースを抜けてファーストトラックへ移ること。

損益計算書

収　入

項目	キャッシュフロー
給料：	
利息：	
配当：	
不動産：	
ビジネス：	

監査役　XXXXXさん
（あなたの右隣の人）

不労所得＝
（利息＋配当＋不動産＋ビジネスからのキャッシュフロー）

総収入：

支　出

税金：
住宅ローン：
教育ローンの支払：
自動車ローンの支払：
クレジットカードの支払：
小売店への支払：
その他の支出：
育児費：
銀行ローンの支払：

子どもの数：
（0からスタート）
子ども一人あたりの
育児費：

総支出：

毎月の
キャッシュフロー：
（ペイチェック）

貸借対照表

資産			負債
貯蓄：			住宅ローン：
株／投資信託／譲渡性預金：	株数	一株あたりの価格	教育ローン：
			自動車ローン：
			クレジットカード：
不動産：	頭金	価格	小売店のつけ：
			不動産ローン：
ビジネス：	頭金	価格	負債（ビジネス）：
			銀行ローン：

1』では、コンピュータがそれぞれのプレーヤーの監査役の役目をし、コマを動かすたびに必要な修正をプレーヤーが財務諸表に加えないと先には進めないようになっている。

■一カ月に二回は財務諸表のチェックを

妻のキムと私は一月に二回、このような財政監査を受けることを習慣としている。会計士がやってきて、私たちの財務諸表と小切手帳が目の前に用意される。そして、二人のファイナンシャル・ライフ（人生の経済的な側面）の実態が細かく検討される――今言ったように一カ月に二度。

まだお金がなくて苦労していた頃は、この作業はとてもつらかった。それはまるで、落第点のFやDが並んだ成績表を見るようなものだったからだ。でも、間違いから学び、間違いを正し、自分たちの経済的状況を改善するにつれ、一カ月に二度の監査が楽しみになった。それは、学校で私が一度も体験することのなかった喜び、つまり最高点のAばかりが並んだ成績表を受け取るようなものになったからだ。

一九八五年にキムと私が一緒にスタートを切った時は、私たちの財務諸表にはわずかの項目しかなかった。それまでの自分の金銭的失敗から生じた借金が負債の欄に重くのしかかるばかりで、資産の欄には何もないような財務諸表を見るのはとてもいやだった。まるで癌にかかった患者のレントゲン写真を見るようだったからだ。違いはただ、私の場合、それは財政的な癌だったことだ。

今の私の資産の欄には結構な数の項目が並んでいる。勤労所得、不労所得、ポートフォリオ所得を書き入れる収入の欄も増えていて、それと同時に、そこに並ぶ数字のゼロの数も増えている。今、私たちが不労所得とポートフォリオ所得として得る収入は、支出の欄の合計をはるかに超えている。

一九八五年には、私たちは生き延びるために働かなければならなかった。だが、今私たちが働いているのは、働きたいからだ。金持ち父さんが私に適切なファイナンシャル教育を与えてくれなかったら、こうなっていたかどうか大いに疑問だ。金持ち父さんのファイナンシャル教育がなかったら、私は財務諸表の大切さも知らなかっただろうし、勤労所得、不労所得、ポートフォリオ所得の違いも、会社組織を利用することの大切さも、自分の資産を守る方法も、税金をできるだけ少なく抑える方法も知らなかっただろう。また、一カ月に二度の監査の大切さも、なぜ一カ月に二度テストを受け、成績をつけてもらうことが金持ちになるために不可欠なのか、その理由もわからなかっただろう。一カ月に二度の監査は、金持ちになるための代価のほんの一部に過ぎない。金持ち父さんのファイナンシャル教育のおかげで、私はクレジットカードを切り刻むことも、当たりくじを手にすることも、あるいはクイズ番組に出演することもなく金持ちになれた。

■今の私の収入の欄

今のキムと私の損益計算書の収入の欄を割合で言うと次のようになる。

勤労所得　十パーセント
不労所得　七十パーセント
ポートフォリオ所得　二十パーセント

二、三年前、新聞記者にこう聞かれた。「いくらお金を稼いでいるんですか？　給料はいくらですか？」

それに対して、私はこう答えた。「大した額ではありません。それに、正確な額はお教えしない方がいいと思います。ただ、あなたの給料ほどもないとは言えますが……」

記者は頭を振り、うすら笑いを浮かべて言った。「それで、なぜお金についての本なんて書けるんですか？」そして、それに続けて、自分ではいい人間関係を保っていないのに人間関係について書いたり、お金を持っていないのにお金について書いたりする人は大嫌いだと付け加えると、インタビューを終えてさっさと帰ってしまった。

本書をはじめ、これまでの私の著作を読み、ファイナンシャル教育の量が増えているみなさんには、もう、私がなぜあのような答え方をしたか、その理由がおわかりだろう。第一の理由は実際に私の給料が少ないからだ。なぜそうなっているかというと、給料は勤労所得で、一番多く税金がかかる所得だからだ。給料が少ないもう一つの理由は、不労所得に不動産からの賃貸収入と印税が含まれているからだ。ポートフォリオ所得は紙の資産からの収入、つまり会社の株からの配当、不動産投資からの収入、利息などだ。

もう気付かれたと思うが、ちょっとしたファイナンシャル教育がもたらす大きな利点の一つは、支払う税金の額をコントロールする大きな力が持てるようになることだ。

■職業からの収入

もう一つ注目して欲しいのは、今の私の収入が、若い時に受けた職業教育を活かした職業から得ているものではない点だ。ハイスクールを卒業したあと、私は合衆国商船アカデミーに通い、タンカーや輸送船、客船の高級船員になる訓練を受けた。また、フロリダ州ペンサコラにある合衆国海軍飛行学校にも通い、プロのパイロットとしての訓練も受けた。今の私には、この二つの職業からの収入はまったくない。

これも注目して欲しい点だが、私の不労所得の大部分は、私が学校で落第点を取った科目を元にもたらされている。つまり、前にも言った通り、私は十五歳の時、文がうまく書けないという理由で、もう少しでハイスクールの二年目をもう一度やり直すはめになるところだった。あの失敗のおかげで、私は間違いを正し、少しはましな文が書けるようになり、今では、パイロットや高級船員としてよりも物書きとして知られている。その差は何百万ドルにものぼる。つまり、私は成功によって儲けた額よりも、失敗から儲けた額の方がはるかに多いということだ。

この章のはじめに表で示したように、情報時代には多くの人が二つ以上の職業を持つことになるだろう。情報時代に大事なのが何を学んだかではなく、どれほど速く学べるかだという理由はここにある。情報は十八カ月ごとに倍になるというムーアの法則を思い出そう。そして、学校でいくつ正しい答えを出せたか、どれほどよい成績を取れたかは、大人になってからの成功を測る尺度にはならないことを心に留めておいて欲しい。あなたが「知らないでいる」答えの数、あなたが失敗し、それでも立ち上がり、人のせいにしたり、自分に嘘をついたり、正当化したりせずに、間違いを正し、そこから何かを学んで前進した体験の数、それがあなたの成功を測る尺度だ。

■敗者の定義

お金に関する成績表で何が大事か知りたいと思ったら、近くの銀行に出かけてローンの申し込みをしてみよう。そして、指示通りに個人の財務諸表に必要事項を書き入れ、担当の人があなたにはお金を貸せないと言うのを待とう。もし、だめと言われなかったら、借りる金額を上げてみよう。それでだめと言われたら、じっくりと腰をすえ、財務諸表を改善するにはどうしたらよいか聞こう。その返事から得られる教育は、お金には代えられないほど貴重なもの、あなたの人生を一変させるようなものになるかもしれない。

今言ったように、現実の世界で何が重要か知りたい人は銀行の人に聞くといい。彼らはお金の面での個人の成績表を毎日見ているのだから。だが、ここで疑問が出てくる。もし銀行の人がそんなによく知っているのなら、なぜ彼らは金持ちではないのか？　なぜ彼らはまだ銀行に勤めていて、他人の懐具合の心配をしているのだろうか？　この答えは、この本の前の方で取り上げた話の中にある。それは「すべての作用には、同じ大きさで逆向きに働く反作用がある」というニュートンの法則だ。その答えはまた、優秀で正直な警察官として成功するためには悪者としても優秀でなければならないのはなぜか、その理由の中にもある。コインに必ず二つの面が、鳥に二つの翼が、人間に足や手、目が二つずつあるのはなぜか、その理由を考えてもわかる。

たいていの銀行員が金持ちでないのは、彼らが保守的すぎるからだ。金持ちになるため、特にゼロから始めようという人が金持ちになるためには、銀行員として優秀であると同時に、時にはギャンブラーとしても優秀である必要がある。ところがたいていの銀行員は優秀なギャンブラーではない。金持ちになるには、金持ち父さんが言っていたように「二倍の代価を払わなければいけない」。つまり、優秀な銀行員と優秀なギャンブラーの両方になるための代価を払わなければならない。たいていの人はもともとそのどちらでもない。

■お金の面での敗者

金持ち父さんはマイクと私にこう言った。「たいていの銀行員が金持ちでない理由は、彼らがギャンブラーではないからだ。そして、たいていのギャンブラーが金持ちでない理由は、彼らが優秀な銀行員ではないからだ」

それに対して私はこう聞いた。「たいていの人はギャンブラーか銀行員か、そのどちらかなんですか？」

金持ち父さんの答えはこうだった。「いや、残念ながらたいていの人はお金の面で負けてばかりいる敗者なんだ」

「敗者？」私はちょっとひるんだ。「他人に関してコメントするのにそれはずいぶんきついんじゃないですか？」

「私はお金の面での敗者だと言ったんだ」金持ち父さんはそう言って自分を弁護した。「人を侮辱《ぶじょく》するつもりはまったくないよ。きみが私のことを冷酷な人間だと思い始める前に、敗者の定義を説明させてくれ」

「ええ、ぜひあなたの定義を聞きたいですね」私も自分が言い出したことを引っ込めたくなくて、弁護するようにそう答えた。

「私の敗者の定義は、負ける余裕のない人だ」

「負ける余裕のない人？」私はそう繰り返した。金持ち父さんの言葉の意味がよくわからず、理解しようと必死だった。

「もう少し説明させてくれ」金持ち父さんは静かに言った。「お金のこととなると、たいていの大人は損をする余裕がない。今の時代の多くの人は、私が『レッドゾーン』と呼んでいる状態で暮らしている。車に興味があるきみにはわかると思うが、車でレッドゾーンと言ったら、エンジンの回転数の安全限界を示し、それを超えてアクセルを踏めば、エンジンが壊れてしまう」

「つまり、収入として入ってくるお金がすべて支出として出て行ってしまうってことだ」

そう言ってマイクが話に飛び込んできた。

「そうだね」と金持ち父さんが言った。「だから、彼らは損をする余裕がない。お金の面でもうすでに負けているんだからね」金持ち父さんは私たちの目に浮かんだ表情を読むために、ちょっと黙ってからこう言った。「これはとても悲しいことだ。世界で一番金持ちのこの国のあちこちで、何百万という人がレッドゾーンの上で暮らしているんだから」

「で、そういう人たちが、『投資は危険だ』とか『損をしたら一体どうするんだ？』などと言う人たちとだいたい重なっている……。人がよくそんなことを言ったり、自分のお金に遮二無二《しゃにむに》しがみついたりするのは、お金の世界での戦いに自分がすでに負けていることを知っているからなんだ」私はそう言って金持ち父さんの話を締めくくった。

金持ち父さんはうなずいた。「いいかい、本当のギャンブラーは勝利と敗北が切っても切れない関係にあることを知っている。プロのギャンブラーは自分がいつも勝てるなどという幻想を抱かない。真のギャンブラーは自分もまた負ける可能性があることを知っている。彼らは勝つために負ける場合も多いことを知っている」

「金持ちになりたかったら銀行員であると同時にギャンブラーでなくちゃいけないというのは、それだからなんですね」私はだんだん話がわかってきた。優秀な警官は悪党としても優秀でなければならないという言葉が、さらに理にかなったことに思えてきた。

「で、学校でいい成績をとった人が、必ずしも現実の世界で成功するわけではない理由もそれなんだ」マイクがそう言った。「実際の生活は正しい答えだけで成り立っているわけじゃない。複数の推測、そのうちいくつかは最終的に正しいことがわかるけれど、多くは結局間違っているとわかるような推測で成り立っているんだ」

金持ち父さんはうなずいた。「世界で一番の金持ちの多くが、世界で一番多くの間違いを犯してきた人でもある場合がよくあるのはこのためだ」

■損をする余裕を持つ

Ｊ・ポール・ゲッティは石油を見つけるまでにいくつも空井戸を掘り、そのことで有名になった。だが、彼が金持ちになったのは、彼が最後にあけた穴が世界最大の油田にぶちあたったからだ。同じことがトーマス・エジソンにも言える。彼は電球を発明するまでに一万回失敗したと言われている。金持ち父さんが、たいていの人は敗者だと言ったのは、ごく簡単な理由からで、彼らがたった一つの小さな失敗も犯す余裕のない生き方をしているからだ。成功するためには銀行員とギャンブラーの両方の資質を持ち合わせていなければいけない。それは、損をする余裕を持つためだ。なぜなら、ギャンブラーはだれでも、負けることが勝利の一部であることを知っているからだ。

ボードゲーム『キャッシュフロー』は金持ち父さんの教えに基づいて作った。このゲームの中で、あなたは銀行員とギャンブラーの両方になる方法を学ぶ。今、安全でリスクのまったくない投資にお金を入れておきたいと思う人が多すぎる。そういう人の多くは、結局は人生の負け犬になるのではないかと私は思う。決して損はしないかもしれないが、本当に勝利を手に入れることもない。安全第一にして、収入の範囲内で切り詰めた生活をし、クレジットカードを切り刻んで金持ちになる計画を立てるのはこのタイプの人たちだ。金持ち父さんが言ったように、「けちになって金持ちになることは可能だ。問題は、たとえそうやって金持ちになったとしても、けちであることに変わりないことだ」。

■いくら損をする余裕があるか?

宝くじを買う人がこれほど多い理由の一つは、一ドル損をする余裕がたいていの人にあるからだ。また、一ドルのコインを使うスロットマシンをやる人がこれほど多いのも、数ドル損をする余裕が彼らにあるからだ。問題は、アメリカ国民の少なくとも六十パーセントの人にとって、損しても大丈夫という額が数ドルよりあまり多くないことだ。その理由は、彼らがすでに人生というゲームで金銭的に負けているからだ。ただ、たいていの人は、仕事を失ったり年齢や病気のせいで働けなくなったりするまで、自分がどれほどひどく負けているかに気がつかない。そうなっても、彼らの面倒をみる余裕があり、喜んでそうしようという家族がそばにいてくれればいいのだが……。

金銭的にすでに敗者になっている人たちは、悪い借金にどっぷりつかり、人生のレッドゾーン上で暮らしている。彼らは生き延びることに必死で、豊かな暮らしを想像することすらできない。こういう人はぜひ、金持ち父さんシリーズ第二弾『金持ち父さんのキャッシュフロー・クワドラント』の第十一章「ラットレースから抜け出すための七つのステップ」にある「キャッシュフローを管理する」を読み、それを参考にして、悪い借金をなくすプランから始めてみて欲しい。この本に書かれた方法にきちんと従えば、五年から七年で借金をなくすのにきっと役立つと思う。そのための簡単な六つのステップは本書の第五章（一三七ページ）にも「アドバイス」として取り上げたので、参考にして欲しい。

■運とは「適切な知識のもとに行う努力」

先ほどからお話ししている敗者たちはまた、金持ちになれるかどうかは運次第だと信じている。ある時、講演の席で、「あなたの金銭状態に運はどれくらい影響を与えていますか？」と聞かれたことがある。その問いに対して、私はどこかでだれかから聞いた話を引用して答えたのだが、申し訳ないことにだれから聞いたのか覚えていない。この場を借りて、その人にお礼を言うとともに、名前を失念してしまったことをお詫《わ》びしたい。でも、あなたが教えてくださった答えはしっかり覚えています！——「運（LUCK）は『適切な知識のもとに行う努力（Laboring Under Correct Knowledge）』を意味する」

先日、キムと私は、とても投機的でよくない投資に手を出し、十二万ドルを失った。親しい友人の一人はまるで自分のお金を損したかのように気を動転させ、私たちにこう言った。「きみたち二人は運が悪かったんだ」それに対してキムと私はあまり多くのコメントはしなかった。なぜなら、失うことを恐れながら暮らしている人たちと話をしても、何のためにもならないからだ。実際のところ、私たちはポートフォリオ全体で約百万ドル儲けていて、損はそのうちのたった十二万ドルだったが、そのことは彼には言わなかった。また、私たちが自分たちはとても運がよかったと思っていることも言わなかった。

運がよかったと思っていた理由は二つある。一つは、百万ドルの儲けよりも十二万ドルの損からの方が学ぶことがずっと多かったからだ。私たちは間違いからより多くの知識を得る。二つ目の理由は、十二万ドルものお金を損しても、それについて後悔しないでいられる余裕が私たちにあったからだ。二十年ほど前の一九八五年には、私たちはまだ、何も失う余裕のない人たちと同じ状態だった。

第四章　クレジットカードを切り刻むことの値段

「いい負債と悪い負債の違いを知らなければいけない」
――金持ち父さん

では、クレジットカードを切り刻むことのどこがいけないのだろう？

私に言わせれば、クレジットカードを切り刻むのは、体重を落としたいからと短期集中ダイエットに走るのと同じようなものだ。短期集中ダイエットというのは、一カ月同じメニュー、例えば三食とも棒状に切ったにんじん三切れ、夕食後のデザートは砂糖抜きのヨーグルト四オンスを食べ続けるといったやり方だ。三十日たったところで、あなたは苦痛に耐えられなくなる。ある日、ショッピングモールを歩いていると、チョコレートチップ入りのクッキーを売っている店の若い店員が、味見用にと小さなクッキーを手渡す。焼きたてのクッキーの香りが五感をたまらなく刺激する。そして、あなたは自分にこうささやく。「いいじゃないか。こんなにがんばってきたんだから。小さなクッキーのひとかけくらい、よけいなことを考えないで食べてしまえ」次の瞬間、気がつくとあなたは袋詰めになったクッキーを買っている。「家族のおみやげに」と自分に言い聞かせながら……。だが、そのクッキーの袋の中身はショッピングモールから出る前に消えている。ドカ食いが始まり、まもなくあなたはダイエットを始めた時より四、五キログラム重くなる。短期集中ダイエットという「作用」が「ドカ食い」という反作用を生み出したのだ。

私をよく知っている人は、私が「ヨーヨーダイエット」と呼ばれる、リバウンドを繰り返すダイエットを克服する解決策を持っていないことを知っている。もし、落とした体重を永遠に維持できる保証つきのダイエット法を知っていたら、私はビル・ゲイツよりも金持ちになっているだろう。だが、残念ながら、実際のところ私にいやというほどよくわかっているのは、ダイエットをしてドカ食いに走ってリバウンドをするのがどんな気持ちかだけだ。私は子供の頃から太りすぎで困っていたが、家族の中でこの問題を抱えているのは私だけなので、これは遺伝のせいにするわけにはいかない。

というわけで、私はあっという間に体重を落とすための解決策は持っていないが、ドカ食いならぬ「ドカ買い」と、クレジットカードの使いすぎに対する解決策は持っている。だが、クレジットカードを切り刻むのはその解決策の中には入っていない。ここでも前と同じで、私の解決策には支払わなければならない代価がある。そして、あなたにしたい質問も前と同じだ。「あなたはその代価を喜んで払うつもりがあるか?」

■美女と野獣

私の友人の一人とその奥さんは、肉体的な美しさの見本のようなカップルだ。贅肉《ぜいにく》は一つもなく、スマートで健康的だ。この二人にとってはダイエットなどまったく問題ではない。ジムで運動をすることにも何の苦もない。二人とも四十代後半でかなりのお金を稼いでいるが、お金の使い方も半端ではなく、二人を知っている人たちの多くは冷や冷やしている。つまり、二人は新しいクレジットカードを作って古いクレジットカードの支払いをするタイプの人間なのだ。持ち家を担保にしたホームエクイティ・ローンの限度を超えると、もっとお金が借りられるように大きい家に買い換える。言い換えれば、二人は帳尻を合わせるためだけに一生懸命働き、たくさんのお金を稼ぐ。二人の家には住み込みのメイドと子守がいる。彼らが持っている車や子供のおもちゃ、服の数は、彼らの十倍稼いでいる人たちが持っている数より多く、休暇旅行も彼らの方が豪華だ。二人は肉体的には美しいが、金銭的な面で自制がきかないという、醜い野獣を抱えている。

私とこの友人はもう何年も親しい付き合いをしている。だから、顔をあわせるたびに、この夫婦は私が食べ物とエクササイズに関して自己管理ができないことを責め、私は二人が金銭的な面で自己管理ができないことを叱る。前に言ったように、私たちはみんな人生で立ち向かうべき課題を抱えているが、それは人によって違う。私の場合それは食べ物で、あの二人にとってはお金だ。

■金持ちは貧乏人より借金が多い

私はお金を使うのが大好きだ。だが、キムと私は自分たちのお金をめったやたらに使ったりはしない。私は自分の生活に、より快適なものがそろっていることが大好きだ。例えば、飛行機に乗る時ファーストクラスとエコノミーのどちらにするか、選択の自由が与えられているのが好きだし、いいサービスを受けたらたっぷりチップも渡したい（サービスが悪かった時には、私はチップはあげない）。また、会社に余分なお金が入ってきた時に社員にボーナスをあげるのも大好きだし、自分たちの投資がうまくいった時に友達を金持ちにしてあげるのも大好きだ。私はお金を使うことで得られる自由が好きだし、働きたい時に働き、働きたくない時に働かないでいるのが好きだ。私にとってお金は楽しいもの、より多くの選択肢を私に買ってくれるものだ。

だが、一番重要なのは、お金が、生活の糧《かて》を得るために働くというあまり面白くない苦労から私たちを解放し、自由を買ってくれたことだ。だから、私には「お金はあなたを幸せにしない」と言う人の気持ちがわからない。そういう人は一体人生を楽しむためにどんなことをするのだろうか……。私はよくそう疑問に思う。

「クレジットカードを切り刻んでしまえ」と言う人がいるが、私はそれで人が幸せになるとは思わない。人間がお金を使って何か買う大きな理由の一つは、自分を幸せにすることだと思う。もちろん世の中には、やせるために運動やダイエットを極端なまでにやる人がいるのと同じように、金銭的な幸せを極限まで得ないと気がすまない人たちもいる。だが、私に言わせるなら、クレジットカードを切り刻むことが長期的な効果をもたらさない最大の理由は、自分が楽しんでやっていることを制限したのでは、たいていの人は幸せにはならないからだ。どちらか選べるとしたら、みんなもっとお金があって、もっと人生を楽しむ自由がある方がいいと思うのではないだろうか。

「お金はあなたを幸せにしない」と言うのは、すでにたくさんのお金を持っていて、それでも幸せではない人か、あるいは幸せであることがどんなものか、いずれにしてもわからない人だ。私の考えでは、人を不幸せにするのはお金ではない。請求書が払えないこと、あるいはやりたいことができるだけのお金がないこと、そういったことが人間を不幸にする場合が多いのではと思う。

■お金が増えてもファイナンシャルIQは上がらない

一九七〇年代の終わり頃、ベルクロ（マジックテープ）を使ったナイロン製のサーファー用財布を製造する私の会社は、非常に短期間で数百万ドルを儲けた。当時二十代後半だった私は、お金とビジネスの面での成功を手にしてすっかり舞い上がった。と言うより、鼻高々になってしまった。会社の貸借対照表を見て、お金がどんどんたまっているのがわかると、そのたびに私はどんどん舞い上がった。そして、すっかりうぬぼれて、傲慢《ごうまん》になった。お金が増えるたびに自分のIQ（知能指数）も上がると思っていたのだ。残念ながら、私の場合、まったく逆だった。実際は、お金が増える一方でファイナンシャルIQは下がっていた。そしてまもなく、スポーツカーや、簡単に付き合える女性たちに夢中になった。これは経験として確かにおもしろかったし、自分の人生のあの時期について後悔はしていない。だが、そんな時間がずっと続くわけはなかった。実際の資産を持たないまま、紙の上だけで億万長者になり、それから突然、百万ドルの「本当の」借金を抱えた状態になるのには痛みが伴ったが、それは酔いを醒《さ》ますにはいい経験だった。（こういう経験があるからこそ、私は今日、あまりに多くの人がポートフォリオを紙の資産でいっぱいにして金持ちになった気分でいることを心配している。「紙の」資産と「本当の」資産、「紙の」富と「本当の」富の間には大きな違いがある。）

■失敗から学ぶ

ビジネスではじめて百万ドル損をした時、私はアドバイスを求めて金持ち父さんのところへ行った。私の財務諸表に目を通した金持ち父さんは、ただ頭を横に振るばかりだった。そして、しばらくしてからやっとこう言った。「これは金銭的な列車転覆《てんぷく》だな」そして、私を厳しく諫《いさ》めた。だが、前に間違いの価値について取り上げたところでお話しした通り、この時の「列車転覆」とそれに対する金持ち父さんからの叱責は、私の人生で最良の教訓を与えてくれた。あの間違いから得られたものは、お金には代えられないほど貴重だったし、今でも私の役に立っている。結局あの失敗には百万ドル近い支払いをすることになったが、長い目で見れば、その後何百万ドルものお金を私に儲けさせてくれたし、これから先もさらに儲けさせてくれるだろうと思う。

早い時期にスタートを切り、間違いを犯し、そこから学ぶという体験はとても貴重だ。間違いを犯したあと、嘘をついたり、人のせいにしたり、否定したり、あるいは間違いを犯していないふりをしたりするのは、せっかくの間違いを無駄にしているようなものだ。最近は、私は新たに間違いを犯している自分に気が付くと、こう自分に言い聞かせる。

「あわてるな。落ち着け。まわりに充分注意を払い、この経験から学ぶんだ。これは一見悪い経験のように見えるが、そこから何か学ぼうという気持ちを持っていれば、きっと私の役に立つ。その只中にある今、まわりに充分注意を払い、できる限り多くを学ぶようにしろ」

二十代後半で「紙の」億万長者になり、そのあとすぐに百万ドル近い「本物の」借金を抱える敗者になったのは、とてもつらい経験だった。あの時、トランプのカードで作ったお城が崩れていく中、しっかり注意を払い、その経験を本当に活かすことができた……今そう言えたらどんなにいいだろうと思う。だが、私はそうしなかった。間違いを他人のせいにし、嘘をつき、否定し、自分の責任から逃げようとした。私が幸運だったのは、金持ち父さんがそばにいて、私の目を覚まし、他人や自分を責めるのをやめさせ、人生で最大の教えを学び始めるよう導いてくれたことだ。

■いい借金と悪い借金

この大きな学習体験のあと、私に対する叱責と指導を終えた金持ち父さんはこう言った。

「きみは百万ドルのいい借金を百万ドルの悪い借金に変えることにみごと成功した。そんなに大きな間違いを犯す人間はあまりいない。きみはこの経験から何か学ぶこともできるし、何も学ばずに逃げ出すこともできる。それを選ぶのはきみだ」

前にも言ったように、間違いは貴重な体験になり得る。だが、その只中にいる時には、自分の愚かさの持つ価値に気付くのがむずかしい場合が多い。金持ち父さんが「金銭的な列車転覆」と呼んだあの経験には、貴重な教えがたくさん含まれていた。私が学んだ教えのうち最も大きな意味を持っていた教えの一つは、間違いに正面から立ち向かい、そこから学び、同じ間違いをしないという教えだ。たくさんの大切な教えのうち、それが一番大切だと思う理由は、そのことを学んだおかげで、自分で招いたトラブルに正面から立ち向かう道を選べたからだ。

もう一つの大切な教えは、いい借金と悪い借金についての教えだ。私は本当にはその概念を理解していなかった。少なくとも、あの体験をする前には、それほどはっきりと違いを理解していなかった。金持ち父さんは前々から私に、いい借金と悪い借金に注意するようによく言っていた。「だれかからお金を借りたら、そのたびにきみは彼らのお金のために働く従業員になる」金持ち父さんはよくそう言い、息子のマイクと私にとっていい借金とは「だれかがきみたちの代わりに返してくれる借金」で、悪い借金とは「きみたちが汗水流して返す借金」だと説明してくれた。だから金持ち父さんは賃貸不動産がとても好きだったのだ。

金持ち父さんはこの説明のあとによく次のように付け加えた。「銀行がお金を貸す相手はきみだが、それを返すのは借家人たちだ」私はこういった考え方を前から聞いていて、頭では理解していた。だが、あの失敗のあと、私はいい借金と悪い借金の違いを、身体と心で学んだ。最近、クレジットカードの借金を簡単にホームエクイティ・ローンに借り替える人たちを見ると、私は身がすくむ。本人はいい考えだと思っているかもしれないし、確かに政府はそういうことをする人に税制上の優遇を与えてくれる。だが、今の私には、そんな単純なことではないのがよくわかる。

彼らがやっているのは、とても高くつく短期の悪い借金を、多少安くすむ長期の悪い借金に変えるだけのことだ。それで一時的な安心は得られるかもしれないが、問題が解決されるわけではない。ただクレジットカードの借金を、自宅の第二抵当権をもとにしたローンに変えただけなのだから。私のほかの本を読んだことのある人は知っていると思うが、mortgage という言葉はフランス語で「死」を意味する mort から派生した語だ。つまり、mortgage は「死ぬまで続く契約」を意味する。一生懸命働いてもただ借金に深くはまっていくだけの私の友人夫婦の場合と同じで、こういう人は問題の解決を先延ばしするばかりで、教えを学ばない。何かが変わらない限り、彼らは死ぬまで悪い借金につかまったままだ。

■借金の力を尊重する

すべてを失ったあと、私はとてもみじめで、自分の間違いを人のせいにして、目の前の問題から逃げ出したいと思った。私を力ずくで間違いに立ち向かうようにさせたのは金持ち父さんだった。金持ち父さんと一緒に数字を見直すのはつらい作業だったが、とてもためになった。間違いをしっかり見つめることで、自分がどんなに一生懸命働いても全部の借金を返すのは不可能だということがはっきりした。

たいていの人は一度に少しだけ損をして、借金による拘束期間をゆっくりと延ばしていく。だが、一度にたくさんのお金を損した場合、膨大な悪い借金を抱える苦しみとその現実はどんな人の目も覚まさせる。あの体験は私にとって人生を一変させる体験だった。十万ドル損をした、あるいは十万ドルの借金があるという場合は、たいていの人は身を粉にして一生懸命働けばそれくらいなら返せる。だが、百万ドルの借金となると、物理的にどんなに働いても借金を減らすことすらできない。少なくともお金を稼ぐ能力に限りのある私にとってはそうだ。

私をひとしきり叱り、気を落ち着けた金持ち父さんは、私の方を見てこう言った。「きみはこの経験に背を向け、何事もなかったように立ち去ることもできる。あるいは、これを生涯最高の経験にすることもできる」金持ち父さんシリーズ第二弾の『金持ち父さんのキャッシュフロー・クワドラント』、第三弾の『金持ち父さんの投資ガイド』（邦訳は『入門編』と『上級編』の二冊組）を読んだ人は、この私のトレーニング期間のこと、その過程で私が学んだいくつかの異なる教えについて知っていると思うが、知らない人のためにもう一度お話しする。

一九七九年のあの日、金持ち父さんが私に授けてくれた教えは、これまでにその重要性が証明された数々の教えの一つだ。あの時、金持ち父さんはこう言った。「金持ちの方が貧乏な人より借金をしている。違いは、金持ちはいい借金をしていて、中流以下の人たちは悪い借金をどっさり背負い込んでいる点だ」そして、さらに続けてこう言った。「いい借金だろうが悪い借金だろうが、借金はすべて、弾を込めた銃と同じに扱わなければいけない。つまり、充分敬意を払ってということだ。借金の力を見くびる人は、それによって経済的に傷を負わされることがよくある。それどころか時には命を失う人もいる。借金の力を尊重し、それをうまく利用する人は、自分では思いもよらないほどの金持ちになる可能性を持っている。きみにはもうわかっているように、借金はきみをとても金持ちにする力も持っているが、とても貧乏にする力も持っている」

■借金の力をうまく利用する

今、「クレジットカードを切り刻み、借金から抜け出し、収入の範囲で生活しろ」と言う人が多いが、私がそういう人たちの仲間にならない理由はたくさんある。私がそういったことを言わないのは、そんなアドバイスでは、金持ちになりたいと思っている人にとって、問題の解決のたしにならないと考えているからだ。金持ちになりたい人、お金をたくさん手に入れ、お金と引き換えに手に入れることのできるライフスタイルを楽しみたいと願う人にとっては、ただクレジットカードを切り刻み借金から抜け出すだけでは問題の解決にならないし、このやり方は必ずしも人を幸せにしない。

確かに、お金に関する基礎原理だけをもとに考えた場合、「たいていの」人にとってはこれがいいアドバイスだという意見に私も賛成だ。だが、ただ借金から抜け出すだけでは、金持ちになって生活をエンジョイしたいと思っている人の役には立たない。金持ちになりたかったら、「もっと多くの」借金をする方法を知る必要があるし、借金の力を尊重する方法と、その力をうまく利用する方法を学ばなければならない。反対に、自ら進んでそうしようという気持ちのない人にとっては、先ほども言ったように、クレジットカードを切り刻み、収入の範囲で生活しろというのがすばらしいアドバイスになる。そして、どちらの道を選ぶにしても、支払うべき代価が伴う。

■すばらしい中古車

二、三カ月前、友人の一人が新しく買った車を見せにやってきた。「びっくりするような掘り出し物だったんだ。車に支払ったのは三千五百ドルで、五百ドルかけていくつかパーツを変えたら、ものすごく調子がいい。これはすぐにでも六千ドルで売れるよ」友人はさらにこう続けた。「ほらほら、乗ってひと走りしてこいよ」せっかくの申し出を断るのは悪いと思った私は、言われるまま近所をひと回りした。「こいつはすごい車だ」試運転が終わったあと、私は笑みを浮かべてそう言ったものの、心の中では「塗り替えが必要だな。車内は古いタバコの匂いがひどい。私だったらこんなみすぼらしい車は欲しくない……」と思っていた。私から車のキーを受け取りながら、友人はこう言った。「見かけがよくないのはぼくもわかっている。でも、現金で払ったから借金はないんだ」走り去る車の排気管からは白い煙が吹き出ていた。

■もっと金持ちになりたかったら、新車を買え

私の妻のキムはとても格好のいいメルセデスのコンバーチブルに乗っている。私の車はポルシェのコンバーチブルだ。私たちはお金がほとんどない時も、ポルシェやメルセデス

といったいい車に乗っていた。もちろん現金で買ったわけではない。お金を借りて買った。それはなぜか？　その理由は、私がよくセミナーでする次の話を読んでもらうとわかると思う。これはいい借金と悪い借金について、そして、人生でより質の高い物を楽しむことについての話だ。

一九九五年、近所のポルシェの販売店の人から電話があった。「あなたが欲しいと言っていた車が来ましたよ」販売店の人はそう言った。私はすぐに店まで車を走らせ、一九八九年製のポルシェ・スピードスターを見に行った。この型が三年の間に八千台しか製造されなかったことはすでに知っていた。一九八九年、ポルシェ愛好家たちはこの車を買っても運転せず、台に乗せてとっておいた。一九八九年にこの型のポルシェを売ろうというコレクターがいたとしたら、売値はおそらく十万ドルから十二万ドルだっただろう。だが、この時、一九九五年に私の目の前にあったのは、一九八九年製造のポルシェ・スピードスターの中でも最も希少価値のある型だった。なんとそれは、スピードスター第一号、この型で最初に製造された車で、車体はポルシェ・ターボのものを使っていた（ポルシェ・ファン、それも相当なファンでないとこれはあまり意味がないと思うが）。

第一号車ということで、その車は世界中のモーターショーに展示され、パンフレットの写真のモデルにも使われた。その車にはまた、ポルシェの製造工場が発行した特別な飾り板がついていた。一九八九年、世界ツアーを終えると、台に乗せられ、倉庫にしまわれた。そして、一九九五年になって、所有者のコレクターが売る決心をしたので、私がこの車を前から探していたのを知っていた販売店の人が電話をかけてきたというわけだった。その車は多少は使われたかもしれなかったが、走行距離はわずか二千四百マイルだった。

妻のキムが見守る中、私は夢にまで見たこの車に向かって、催眠術でもかけられたかのようにふらふらと歩いていった。運転席に座り、ハンドルを握って大きく深呼吸すると、まだ車内に残っていたレザーのふくよかな香りが鼻をついた。車体には傷一つなく、ポルシェ社が「メタリック・リネン」と呼ぶその色も私の希望通りだった。キムは私を見て、こう聞いた。「この車が欲しいの？」それに対して私はにこりとしてうなずいた。「それなら、もうこの車はあなたのものよ。あなたがしなくてはいけないのは、支払いをするための資産を見つけてくることだけよ」私はまたうなずき、車から降りると、タイヤの匂いをかいでにやりとした。それは夢にまで見た車で、今や私のものだった。

私たちは頭金を払い、販売店とのローン契約の手続きを終えた。そして、次に私は、この車の支払いをしてくれる資産を見つけることに乗り出した。つまり、自分の「負債」を支払うための「資産」を見つけ、「悪い借金」を支払うのに「いい借金」を利用することにしたのだ。

それから一週間ちょっとたってから、私はすばらしい物件を見つけ、お金を借りてそれを買った。そのあとはその賃貸不動産からのキャッシュフローが、ポルシェを買った借金を返してくれる。数年後にはポルシェの代金の支払いが終わるが、不動産からのキャッシュフローはそのままだ。つまり、多額の負債を抱えてどんどん貧乏になる代わりに、どんどん金持ちになる。おまけに欲しかった車は手に入り、それは今も私のものだ。キムが前から欲しいと思っていたメルセデスを見つけた時も、私たちは同じことをした。

■人生で最良のものはただで手に入る

「人生で最良のものはただで手に入る」という意味の格言があるが、私はこの意見に賛成だ。ただ微笑みかけるだけで、多くの人を幸せな気持ちにすることができるが、微笑みを手に入れるのに、引き換えに何かをあげなければならないわけではない。「おめでとう」と言って肩を叩くのにはお金はかからないが、相手の人をその日一日明るい気分にすることができるし、日の出や満月を見て楽しむのにお金はかからない。だから私は人生で最良のものはただで手に入ると思う。

だが、今この章でお話ししているのは、お金で買える、よりよい生活に必要なものについてだ。私がここで言っている幸福は、人間が有形の物から得られる幸福だ。目に見えない内面的な幸福について話しているのではない。なぜなら、内面的な幸福を持っていない人は、物を所有することでそれを得ることはできないからだ。内面的な幸福には値段はない。そして、もしそれを持っていれば、お金には換えられない価値がある。私たちはみんなそれぞれの内面的な幸福をただで手に入れる切符を持っているが、すべての人がそれを見つけられるわけではない。

■生活水準の大切さ

もし私がハイスクールの学生だったら、あの友人が三千五百ドルで買った掘り出し物の「動く箱」が夢の車になっていただろう。そして、大得意でそれを乗り回し、友達に見せて回っただろう。だが、四十代だったあの時の私には、安い車を乗り回すのは「夢」とは言えなかった。私が今話しているのは、一般に「生活水準」と呼ばれることについてだ。これはあなたの物質的な幸福と満足を測る基準になる。自分の物質的な幸福、つまり生活水準の変化をきちんと自覚することが大事な理由は三つある。

1. 人の生活水準は変わる

年をとるにつれ、人の生活水準は変わる。それはその人が変化するからだ。趣味・嗜好の水準が高くなっているのに、それに見合うものを手に入れる余裕を作り出す能力が変化しなかった場合、その人は生活水準の変化に合わせるためにお金を借り始め、悪い借金の割合を増やすかもしれない。生活水準が変わったら――特に、よりお金がかかる方向に変わったら――、その変化に合ったものを手に入れる金銭的余裕を作り出すために、収入を増やす方法を見つけることが大事だ。

2. 物質的な水準の内面的な変化を尊重することが大切

物質的水準が変化しているのに、金銭的にその変化に対応できないと、その人の内面的幸福に影響が出ることがある。先ほどの車の話はその一例だ。私がハイスクールの学生だったら、三千五百ドルの中古車でも大喜びしたかもしれないが、ハイスクールの学生にとって夢の車でも大人の私がそれと同じ車を運転することになったら、大喜びというわけにはいかない。最近私は、もっと洗練されたものを生活に取り入れたいという欲望の水準が変わっているのに、それに追いつけないために心の平安を失っている人によく出会う。つまり、個人的な水準は上がっているのに、収入の範囲内で生活しようとして、その水準より低い、安くて自分の手の届く範囲の物を買い、満足しようと試みている人たちだ。

3. 自分が欲しい物を買えば、結局は使うお金が減る

私は自分の車に大いに満足しているし、妻のキムも同じだ。家や衣服などを含む物質的水準を満たそうという、はっきりした認識を持っている私たちは、そうでない場合より多くのお金を使ってきただろうと思われても当然だが、実際のところ、長期的に見ると、自分たちが欲しい物を買っているおかげで、そのために費やす時間もお金も、また犠牲にしなければならない幸せも少なくてすんでいる。

■豊かさについての教え

何年も前、金持ち父さんはこう言った。「神様は私たちに質素に生きること、人生においてより洗練されたものの誘惑を避けることを望んでいらっしゃると信じている人もいるし、そういったすばらしいものを神様が作られたのは、私たちにそれを享受させるためだと信じている人もいる。どちらを信じるかはきみ次第だ」

私が今こんな話をみなさんにしているのは、私が夢の車を持っていることを言いたいからではなく、この世界が私たちに用意してくれているすばらしいもの、物質的な物を、健全な財政状態を犠牲にし、金銭的な地獄に陥ることなく、みなさんにも手に入れて欲しいと思っているからだ。私がポルシェを手に入れるまでの単純なプロセスをここで取り上げ

たのは、豊かさについての次のような教えをみなさんに伝えるためだ。

■第一の教え　いい借金と悪い借金の重要性

前にも言った通り、金持ち父さんはファイナンシャル・リテラシーの重要性をいつも強調し、学校を出たあとは財務諸表が成績表になると言っていた。次の図④は私がポルシェを買った時のお金の流れを示したものだ。

この財務諸表からわかるように、私は不動産投資（この時はテキサス州にある小さな貸倉庫）とポルシェの両方に対して借金をしたが、不動産投資からのキャッシュフローがポルシェの借金の毎月の返済額をカバーしてくれた。さらにその後、貸倉庫の経営がうまくいき、そこからのキャッシュフローが大幅に増えたため、ポルシェの借金は予定より二年早く返すことができた。今もキムと私はこの不動産を持っていて、そこからのキャッシュフローがあるし、ポルシェもそのまま持っている。キムのメルセデスを買った時も私たちは同じような方法をとった。つまり、私たちは自分たちの夢の車を手に入れながら、金持ちになれたというわけだ。収入をはるかに超えた生活をし、夢の車を運転している私の友人夫婦は、金持ちになるどころか、どんどん貧乏になっている。それは、収入源が会社からの給料だけだからだ。外見的には二人はとても格好よく見える。だが、悪い借金が生み出す金銭的不安が、二人を内側から食いつぶしているのではないかと私はいつも思っている。二人はいい借金で資産を買うのではなく、悪い借金で負債を買い続けている。

人生で欲しいと思っている物を買うためのキャッシュフローを生み出す資産をいい借金で買うこのやり方こそが、金持ち父さんが私に教えてくれたやり方だ。資産からのキャッシュフローは、あなたのお金があなたのために働いていることを示している。このことは、私の友人はじめ、多くの人が今でもまだ理解できないでいる。

■あなたは本当はだれのために働いているのか?

いい借金と悪い借金の違いを説明するには、金持ち父さんがよく言っていた次のような話をもう一度ここで取り上げるのがいいと思う。「だれかにお金を借りると、そのたびにきみは彼らのお金に雇われた従業員になる。つまり、三十五年間のローンを組んだとすると、三十五年契約の従業員になるわけだ。残念ながら、借金を返し終わっても、会社を引退した時のように金時計はもらえない」

金持ち父さんも、もちろん借金をした。だが、それを実際に返す人間にならないように最善を尽くした。これこそが鍵だ。このアドバイスは何度繰り返し強調しても足らないくらいだ。金持ち父さんはマイクと私にいつもこう説明した。「いい借金とはだれかほかの

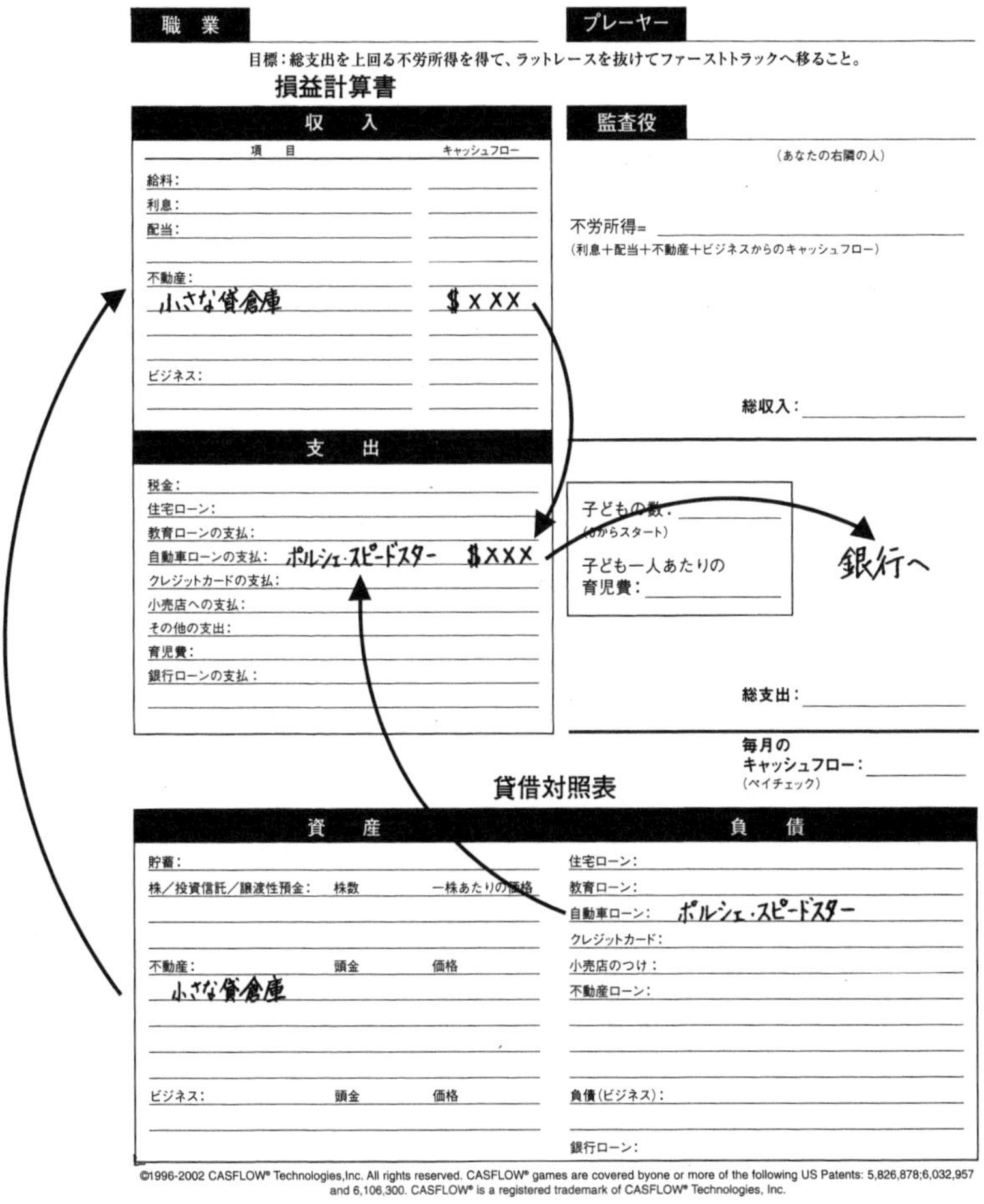

職業

プレーヤー

目標：総支出を上回る不労所得を得て、ラットレースを抜けてファーストトラックへ移ること。

損益計算書

収入

項目	キャッシュフロー
給料：	
利息：	
配当：	
不動産：	
小さな貸倉庫	$XXX
ビジネス：	

監査役

（あなたの右隣の人）

不労所得＝

（利息＋配当＋不動産＋ビジネスからのキャッシュフロー）

総収入：

支出

税金：

住宅ローン：

教育ローンの支払：

自動車ローンの支払： ポルシェ・スピードスター $XXX

クレジットカードの支払：

小売店への支払：

その他の支出：

育児費：

銀行ローンの支払：

子どもの数：

（0からスタート）

子ども一人あたりの育児費：

銀行へ

総支出：

毎月のキャッシュフロー：

（ペイチェック）

貸借対照表

資産			負債
貯蓄：			住宅ローン：
株／投資信託／譲渡性預金：	株数	一株あたりの価格	教育ローン：
			自動車ローン： ポルシェ・スピードスター
			クレジットカード：
不動産：	頭金	価格	小売店のつけ：
小さな貸倉庫			不動産ローン：
ビジネス：	頭金	価格	負債（ビジネス）：
			銀行ローン：

④資産が負債を買うとはどういうことかを示した財務諸表の例
これは金持ちがどんどん金持ちになる理由でもある

人が代わりに返してくれる借金で、悪い借金とは自分が汗水流してせっせと働いて返す借金だ」金持ち父さんが賃貸不動産に対して思い入れを持っていたのは、「銀行はきみにお金を貸してくれるが、それを返すのは借家人だ」という考えが根底にあったからだ。

この仕組みを具体的に説明するために、現実の世界での典型的な例を一つ挙げよう。例えば、小さな売り家が見つかったとしよう。なかなかよさそうな物件で、周りの環境もいい。確かに多少は修繕が必要のようだ。屋根や雨どいを取り替える必要があるかもしれないし、もしかするとペンキも塗り替えた方がいいかもしれない。だが、総合評価はまあまあだ。周りの家はかなりよく手入れされているし、地域としてもまあまあで、近くにある学校もなかなかいい学校だ。それに、さらにいいことに、地元の州立大学に隣接する地域に立っている。その大学は毎年入学する学生の数が増えていて、学生の住むところをいつも探している。

家の持ち主は引退し、もっと暖かくて太陽の日差しを楽しめるところに引っ越したいと思っている。売値は十一万ドルだ。あなたはちょっと交渉して、結局十万ドルで手を打つことにした。銀行にある貯金は一万ドル。つまり、少なくとも九万ドルのローンを組む必要がある。だが、実際は、銀行にある一万ドルがほぼ手持ち現金のすべてだったため、十万ドルのローンを申し込もうとあなたは決める。そうすれば余分な一万ドルを使って、銀行に支払う諸経費も払えるし、便利屋を雇って家のペンキを塗り替え、屋根と雨どいを直すこともできるからだ。

たいていの場合、銀行は不動産を抵当にしたローンをよろこんで貸付けてくれる。なぜか？　それは、不動産を抵当にした貸付には、不動産の担保価値による保証があるからだ。反対に、担保価値のあるものを何も持っていない人が、銀行に行って「十万ドル貸してくれ」と言ったとしても、体よく追い出されるのがおちだろう。だが、家という、価値のあるものが後押ししてくれていれば、銀行は喜んでお金を貸してあなたを助けてくれる。これはよく覚えておいてもらいたいが、銀行はお金を貸すことを商売にしている。だから、貸付を保証してくれる抵当物件があることがわかればお金を貸す。

先ほどの例に戻ろう。現在の金融レートに基づいて、銀行は三十年のローンを年率六パーセントの金利で貸してくれることになった。もちろん、まず手持ちの一万ドルの現金を頭金にするよう求められるから、あなたはそうする。財産税などを計算に入れたあなたの月々のローンの返済額は七百ドルだ。だが、金持ち父さんの言葉を肝に銘じているあなたは、この先三十年間、銀行ローンのために働く従業員にはなりたくないと思っている。もっと賢いやり方は、だれか別の人にその借金を返させることだ。

■キャッシュフローに注目する

このような場合、金持ち父さんならきっと次のように提案するだろう。売買契約がまとまってその家の所有者になったら、近くにある州立大学に、その家が学生に貸せる状態にあることを知らせる。たとえば月千ドルで貸せるとして、その家には寝室が四つあるから四人の学生が楽に暮らせる。つまり、一人が二百五十ドル払えばいい。これなら出費を気にする学生にとってもお手ごろだ。

あるいはもっと簡単に、地元の不動産業者に連絡し、その家の賃貸契約を扱えるかどうか聞いてみるのもいい。毎月わずかな管理費を払うだけで、借家人を探してくれるだけでなく、詰まったトイレの修理など、こまごまとした管理人の仕事もやってくれる不動産業者はいくらでもいる。

いいことはほかにもある。家を貸して月に千ドルの家賃が入り、ローンの返済が七百ドルなら、月々の純利益は三百ドルだ。この純利益は不労所得と呼ばれる種類の所得だ。つまり、あなたは額に汗してせっせと働くことなく、それを稼げるということだ。あなた以外の人、つまり借家人があなたに代わって三十年ローンを返してくれて、さらに三百ドルの余分なお金まで入ってくる。

金持ち父さんの不動産投資哲学は、主にキャッシュフローに基づいている。つまり、月末にプラスのキャッシュフローがあるかどうかを見る。だが、これとは別に、「不動産の価値はだいたいにおいて上昇する」という、一般によく受け入れられている考え方もある。

毎月余分なお金を稼ぎ出す一方、あなたはローンの返済も続ける。つまり、非常にゆっくりだが確実に、その家の純資産価値を上げていく。そして、たいていの不動産は時間の経過とともに値段が上がるという、よくある考え方通りになったとすると、あなたが最初にその家に投資した十一万ドルもまた価値を上げていく。これを具体的な数字で言うと次のようになる。

例えば、十年後、その家を売りたいと思った時、市場価格が十二万五千ドルまで上がっていたとする。その場合、理論的には、あなたはそれまで得ていた不労所得に加えて、家の売却益として一万五千ドルという大金を稼ぐことになる。だが、この考え方には注意が必要だ。金持ち父さんの警告の言葉を思い出そう。「つねにキャッシュフローに注目しろ。不動産の価値の上昇の可能性はあくまでもボーナスと考え、それをあてにして買ってはいけない」

■すでに成功している人たちのアドバイスに耳を傾けよう

これまでに私が出した本の中の一冊、『金持ち父さんのサクセス・ストーリーズ』をちょっと開いてみよう。これは、毎月の給料をあてにしてぎりぎりの生活を送るのに飽き飽きした、ごく普通の人たちのサクセス・ストーリー（成功談）を集めたものだ。アメリカ各地からだけでなく、海外からの例もいくつか含まれている。そこに登場するのは、引退して401（k）に生活の面倒を見てもらえる（これは理論上のことで、それまでそこに充分なお金が残っていればの話だが）ようになるまで待つのがいやになった人たちだ。この本を読むと、金持ち父さんのアドバイスに従い、安定した不労所得の流れを築き始めた人たち――まだ十代後半の若者から引退間近の人まで――の生の声を通して、簡単に実行できるさまざまな方法について知ることができる。

これらのサクセス・ストーリーの多くは不動産投資に関するものだ。この本に登場する人はみんな、最初の投資物件を見つけ、それを実際に買うために、まず、お金に関して自分が信じることを大きく変えなければならなかった。つまり、その変化に伴う恐怖を克服しなければならなかったわけだが、そのやり方についてこの本の中で語っている。それは苦労の多いプロセスだが、最初のハードルを越え、不労所得の流れが確立されたことがはっきりしてくると、彼らのうちほとんど全員が、また最初に戻って同じプロセスを繰り返している。さらに、多くの場合、それを二度ならず何度も繰り返している。この本に登場する人の中には、一世帯用の住宅からもっと大きな物件へと投資対象を広げていった人もいる。そして、そういった人たちがみんな口をそろえて、金持ち父さんのアドバイスが自分を導いてくれたと言っている。

サクセス・ストーリーの中には、経済的自由を得るためにスモールビジネスに投資することにした人たちの話もある。この本のある章には、コインランドリーのビジネスに投資し始めた女性が登場する。この女性と夫は、コインランドリー業がかなり安全で簡単にできる投資だとわかると、すぐにさらに二軒のコインランドリーに投資した。今、かなり成功している二人は、大事なことはごく単純で、お金について多少の「宿題」をやり、お金のために働くのではなく、お金を自分たちのために働かせるようにすることだと読者に語る。

問題は、たいていの人は毎月の請求書の猛攻撃のせいで、経済的に先に進むことができない状態になっていることだ。お金の面での自分のライフスタイルに関して「何かするぞ」と心に決めてはじめて、お金を生み出すほかの方法を見つけようと自ら決心することができるようになる。金持ち父さんが言っているように、ラットレースから抜け出したい人は、勤労所得、ポートフォリオ所得、不労所得の三つの異なるタイプの所得について学び始めた方がいい。投資する対象が不動産であれ、ビジネスであれ、あるいはほかの何であれ、お金を稼ぐのに、ただ職に就くよりも楽でいい方法があると気づくのが早ければ早いほど、あなたとあなたの家族の将来が経済的に豊かになる可能性が増える。

■第二の教え　インスピレーションの力

前に紹介した中古車の話に戻ろう。友人が格安で買った中古車を運転させてもらった時、私はみじめな気持ちだった。運転席に座っていても何もやる気が出てこなかった。つまり、ポルシェの運転席に座っている時のように、天使の歌声が聞こえてきて、祝福の言葉とともに天国の扉が開いたりはしなかった。それどころか、排気管から煙を吐き出しながら遠ざかる友人の車を見送っていると、気分が悪くなってきた。一方、うちのガレージのドアを開け、自分のポルシェを見ると、今でも私には天使の歌声が聞こえる。私はあの車が大好きで、あの時、私にインスピレーションを与えてくれたこと、不動産に新たに投資する気を起こさせてくれたこともとてもよかったと思っている。あの車はもっと金持ちになろうという「やる気」を私に与えてくれた。友人の車の運転席に座っていても、早く風呂に入りたいという気持ちにさせられただけだった。

造り主たる神は、人間に手を貸して美しいものを造らせてくださる。私はそう信じている。美しい絵画、家、車などを見ると、私はインスピレーションを感じる。神の豊かさ、寛大さ、美しさを感じ、それを手に入れるために、もっとがんばって投資しようという気にさせられる。つまり、もっと一生懸命「働く」のではなく、もっと一生懸命に「投資して」それを手に入れようと思う。

自分に贅沢をさせない人たちは、最もインスピレーションに満ちた人たちとは言いがたい場合が多いように思う。私の親しい友人の中にも、安っぽい生活をしている人がいて、家に招かれると、あの友人の中古車の中にいるような気がする。私は友人たちのことはみんな大好きだし、お金に関する自分の哲学を彼らに強制するつもりもないが、私とキムが収入を増やし続けるために一生懸命働いている一方で、そういう友人たちが自分たちの収入の範囲内で切り詰めた生活をするためにせっせと働いているのは事実だ。そして、それが私たちと彼らの生活に大きな違いをもたらしている。前にも言ったように、人間は一人一人違っていて、人生において何を選択するかも違っている。私が今みなさんにわかっていただきたいと思っているのは、私と妻が、より金持ちになる気持ちを自分に起こさせるために、人生における「贅沢」をどのように利用しているかだ。

■第三の教え　銀行は資産を買うためでも負債を買うためでもお金を貸したがる

『金持ち父さん　貧乏父さん』の中で紹介した、「持ち家は資産ではない」という私の主張は、多くの物議をかもした。実際のところ、著作の内容で、一番多く抗議の手紙やメールをもらったのはあの主張だった。

私はよく、「銀行の人があなたの家は資産だと言う時、その人はあなたに嘘を言っているわけではない。ただ、本当には誰の資産かを言わないでいるだけだ。あなたの家は本当は銀行の資産だ」と言う。また、「『持ち家を買うな』と言っているわけではない。ただ『負債を資産と呼ぶな』と言っているだけだ」とも言う。だが、それでも抗議の手紙は届く。持ち家があなたの資産ではなく銀行の資産だという理由がよくわからないという人は、これまでに私が出した本を読み直すか、新たに読むかしてもらいたい。

次に、本書でこれまでより詳しくお話ししたい点を一つ取り上げる。それは、銀行はあなたが資産を買おうが負債を買おうが、それにはお構いなしにお金を貸してくれるということだ。銀行はそのどちらを買うべきかなど教えてはくれない。だから、もしあなたが新しいモーターボートを買いたいと思っていて、財務諸表から、あなたに返済能力があることがわかれば、銀行は大喜びでボートを買うためのお金を貸してくれる。また、収益目的で賃貸用に3LDKの家を買いたいと思っていて、財務諸表の状態が良好なら、その場合も銀行は気前よくお金を貸してくれる。なぜか？　それは、あなたが負債を買うためにお金を借りようが、資産を買うためにお金を借りようが、銀行にとってはどちらも資産だからだ。

だから、最初、資産を買うためにお金を借りた人も、たいてい結局は負債を買うためにより多くのお金を借りるようになるし、負債ばかり買っている人は、資産を買うためのお金が残らない。つまり、ここで言いたいのは、銀行はいずれにしても自分の資産になるから、あなたが資産を買おうが負債を買おうが本当には気にしていない、だから、もしかすると、あなた自身がそのことに注意しなければいけないかもしれないということだ。実際のところ、あなたがきちんと注意を払えば、銀行も喜ぶ。なぜなら、銀行の仕事はあなたにお金を貸すことで、あなたからのローンの申し込みを断ることではないからだ。銀行はあなたがお金を借りなければ儲からない。だから、あなたが金持ちになればなるほど銀行も喜ぶというわけだ。私は銀行が大好きだ。なぜなら、銀行は負債だけでなく資産を買うお金も私に貸してくれるからだ。

■高くつく考え方

「あなたは何に投資しているんですか？」ラジオ番組に出演した時、司会者からそう聞かれたことがある。私はそれに対してこう答えた。「二十代の時に不動産投資を始めたので、今の私の投資はその多くが不動産を対象としています。そのほかにいくつか会社も所有していますし、株や債券、投資信託といった紙の資産もいくらか持っています」

すると司会者はこう言った。「私は不動産は好きではありません。トイレを修理したり、真夜中に借家人から電話をもらったりするのはいやですから。だから不動産には投資しません。すべて株と投資信託にしています」そう言うなり、この男性司会者はインタビューを打ち切り、コマーシャルを入れ、私を録音スタジオから体よく追い出した。

ラジオに出演した夜、もっと遅くなってから、私は番組中に受けたインタビューについて考えた。そして、こう思った。「あの司会者は自分が決めたことのせいで、どれほど高い対価を払っていることだろう。あの人はトイレを修理したり、夜中に電話されるのがいやだから不動産に投資したくないと言っていた。そんなふうに考えているという、ただそれだけの理由で、どんなに高い対価を払っているか、あの人はわかっているだろうか?」

■第四の教え　銀行が一番好きな資産

金持ち父さんシリーズ第三弾『金持ち父さんの投資ガイド』で、投資対象になる資産の主なものとして、次の三つがあるとお話しした。

1. ビジネス
2. 不動産

3．紙の資産

ラジオ番組に出演したあの夜、一人で静かに座っている私の耳に、金持ち父さんの声が聞こえた。「この三つの資産のうち、銀行が一番好きな資産は何だと思うかい？」答えは不動産だ。一方、この三つの資産のうち、銀行からお金を借りるのがむずかしいのは、スモールビジネスを始めるためのお金だ。「スモールビジネス用貸付」を受けることはできるかもしれないが、このローンは万一の保証として、あなたのほかの資産を担保にすることを条件とする場合が多い。

紙の資産を買うために銀行からお金を借りるのも非常にむずかしい。銀行はあなたの紙の資産を担保として使い、それから、あなた個人にお金を貸すという方法をとるかもしれない。いずれにせよ、あなたが紙の資産を買うために、銀行が年利八パーセントの三十年ローンを組んでくれることはまずないだろう。だが、不動産を買うためなら喜んで貸してくれる。

何年も前のことだが、金持ち父さんは息子のマイクと私にこう言った。「金持ちになりたかったら、銀行が欲しがるものを与えなくてはいけない。まず、銀行はきみたちの財務諸表を見たがる。次に、不動産を買うためのお金を貸したがる。銀行が何を欲しがっているか知っているだけで、金持ちになるのがずっと楽になる」あのラジオ番組の司会者が不動産に関して偏《かたよ》った見方をしているために、高い対価を払うことになっていると私が言った理由の一つがこれだ。あのような考え方は「高くつく」。なぜなら、あの司会者が株式や債券、投資信託などを買おうとしたら、銀行のお金というレバレッジ（てこの作用）を使わず、自分のお金——税金を払ったあとの収入——を使わなくてはいけないからだ。あの人はこれまでも、一番高くつくお金、つまり自分の労働によって得た収入から、政府がその取り分として税金を取ったあとのお金を使わなければならなかったはずだ。

この点をもっとはっきりさせるために、一万ドルという具体的な数字を使って説明しよう。

あのラジオ番組の司会者が投資信託を買おうと思ったら、自分が持っている一万ドル分の投資信託しか買えない。だが、不動産を買おうと思ったら、自分の一万ドルと、銀行から借りた九万ドルを合わせた十万ドルの価値のある不動産を買うのはそうむずかしいことではない。ここではその不動産にはプラスのキャッシュフローがあると仮定する。つまり家賃からすべての経費、ローン返済額などを差し引いて、いくらかプラスの収入がある。

次に、その年は市場の景気がよくて、どの資産も十パーセント値上がりしたとしよう。投資信託は投資家に千ドル儲けさせてくれる。不動産を持っている投資家の儲けは一万ドルで、それに加えて、毎月のキャッシュフローによる収入や減価償却による控除などがあり、おまけに売却益にかかるキャピタルゲイン税も払わないですむ（ただしアメリカで売却時に税繰り延べ措置をとった場合）。投資信託にはおそらくキャッシュフローはないだろうし、減価償却による控除も利用できないし、年金プランに含まれていない限りは売却益に対してキャピタルゲイン税もかかる。

■レバレッジは両方向に働く

私は紙の資産が悪いと言っているわけではない。実際のところ、私自身、株式や投資信託をかなり持っている。ここで言いたいのは、「私は不動産に投資しない」という考え方がどれくらい高くつくかだ。

私は個人としての自由を犠牲にしなければならない時、それを最大の支出と感じる。キムと私が、不動産に関して一番いいと思っている点は、毎月キャッシュフロー収入が入ってくることだ。勤労所得より低い税率で課税されるその収入のおかげで、私たちは経済的に自由でいられる。言い換えれば、不動産が私たちにいい借金をさせてくれる。いい借金とは、私たちをより短期間で、より金持ちにしてくれる借金だ。だが、より短期間に、より金持ちになるためにレバレッジを使う、つまり銀行のお金を使うとしたら、それには支払わなければならない代価が伴う。

ここで、投下資本に対する利益の割合を見てみよう。レバレッジをまったく使わなかった場合、一万ドルに対する収益率は十パーセントだ。だが、銀行のお金を使うことによって、あなた自身のお金に対する収益率は百パーセントになる。これはまた、紙の資産の市場が十パーセント上がった場合、それと同じ収益を得るために、不動産市場は一パーセント上がりさえすればいいということを意味する。さらに、税金面でのプラスを考えに入れれば、それ以下の上昇率でも同じ収益を上げられることになる。金持ち父さんが「つねに銀行が欲しがるものを与えるようにするんだ」と言っていた理由の一つがこれだ。また、「どんな借金もつねに、弾を込めた銃のように慎重に扱え」と警告していた理由もここにある。つまり、レバレッジは、同じ力でどちらの方向にも働き得るということだ。銀行のお金を使ってたくさんのお金を稼ぎ出すこともできるが、同じように銀行のお金を使ってたくさんのお金を失うこともできる。それを防ぐために支払うべき代価は、教育と数年間の経験だ。その対価を支払う気がないのなら、他人のお金は使わない方がいい。自分のお金だけを使い、安全第一にするのがいい。

■教育の代価を支払う

前にも言ったように、一九七〇年代、私は不動産投資講座に投資した。具体的に言うと、三百八十五ドル払って不動産セミナーに出席した。あの三日間のセミナーは、私の人生で最高の投資の一つだった。あのあと、小さな投資から始めた私は、ゆっくりと、五年ほどかけて必要な経験を積んだ。私だってトイレを修理したり、夜中に電話で起こされるのはいやだ──それに、そんなことは実際にやっていない。だが、私は不動産投資が私にもたらしてくれるものが大好きだ。それは多くのいい借金と自由だ。

最近ダラスで開かれた不動産セミナーでゲストスピーカーとして話をした時、六十がらみの男性が私に近づいてきた。その前に私は、この男性も含めた聴衆に向かって次のような話をしていた。「金持ち父さんはモノポリーをすることによって、私に不動産投資家になることを教えてくれました。私たちはみんな、このゲームで大金を手にするための方式を知っています。その方式とは、四つの緑の家を買い、それを赤いホテルに換えろというものです」

私に近づいて来たその紳士は、「私の家も赤いホテルに換えた方がいいでしょうか？」と聞いた。

私はにこりとして、こう聞き返した。「何軒家をお持ちなんですか？」

紳士はしばらく考えたあと、「七百ちょっとです」と言った。

「何ですって？」私はそう答えるのがやっとだった。

座ってもっと詳しく話を聞いてみると、彼はウェスト・テキサスの郊外の牧場主で、過去四十年ほどの間、毎年、家を二、三軒買っては賃貸していた。これまでに、ウェスト・テキサスの石油と牧場ビジネスに訪れた好景気や不景気を何度も潜り抜けてきた。景気が悪い時にはお金に困っている人から家を買い、たいていはそれを元の持ち主に貸した。そして、キャッシュフローの増加とともに、ひたすら家を買い続け、一度も売らなかった。彼が買った家はだいたい六万五千ドル以下の家だったが、私が彼に出会った時には、それぞれの家から平均して二百ドルのプラスのキャッシュフローがあった。それを聞いた私は、一瞬息をのみ、こう聞いた。「月に十四万ドル以上の収入があるんですか？　賃貸不動産からの収入だけで年に百万ドル以上ですって？」

「そうです」紳士はそう答えた。「だからこそ、緑の家を売って赤いホテルを買い始めた方がいいかどうか、意見を聞きに来たんです。今私が持っているような小さな緑の家を買うのには、長い時間がかかります。だから、もっと大きなビルを買うというあなたのアイディアが気に入ったんです。そうすれば、それほどたくさん買わなくてすみますから」

私は頭を横に振り、笑ってこう答えた。「次のセミナーでは、あなたに講師になってもらいたいですね。で、私は受講生になります」そのあと、私のファイナンシャル・アドバイザーと税金アドバイザーの名前と電話番号を教えて電話するように言い、「あなたは私よりはるか先を行っていますよ」とつけ加えた。電話番号を教えてあげたことに対して彼が感謝の言葉を述べている間に、私の頭には四十年前、金持ち父さんがマイクと私と一緒にモノポリーをしてくれた時の記憶がよみがえってきた。あの時、私たちは小さなプラスチックの緑の家を使ってゲームをしていた。一方、立ち去ろうとしているこの紳士は実際の家を使ってゲームをしている……。私の耳に、金持ち父さんがマイクと私にこう言う声が聞こえた。「私の銀行は、私がさらに多くの不動産を買うためのお金を貸したいと思っている。だから、私はいつも、銀行が欲しがっているものを与えるんだ」

第五章　あなたは本当はどれくらいの借金をしているか？

経済的自由に通じる道に第一歩を踏み出せるようになるためには、まず、本当のところ自分にはどれくらいの借金があるのか、正確に知る必要がある。多くの人にとって、自分がどれほど借金漬けになっているかを知ることは、歯医者に行くのと同じことのように感じられる――それが自分にとっていいことはわかっているが、必ずしも心地のよいことではない。中には、もう最初からあきらめている人もいる。大きな穴に落ち込んでいることはわかっているが、それをどうにかしたいとは思わない人たちだ。

でも、もしあなたが、自分のためにプラスのキャッシュフローを作り出したいと真剣に考えているなら、ファイナンシャル・リテラシーの基本から始めなければいけない。次の質問表は、あなたにそのスタートを切ってもらうためのものだ。答えが「はい」の質問の□の中に「1」と書いて欲しい。

□請求書を支払うのはだいたい期限を過ぎてからか？
□妻、あるいは夫の目から請求書を隠したことがあるか？
□お金が足りなくて、車を修理するのをあきらめたことがあるか？
□必要ではなく、しかも無理をしなければ買えないものを最近買ったことがあるか？
□たいてい給料より多くのお金を使ってしまうか？
□クレジットカードやローンの申し込みを断られたことがあるか？
□金銭的な不自由から抜け出すことを夢見て宝くじを買うことがあるか？
□万が一に備えて取っておくはずのお金を使ってしまったことがあるか？
□借金の総額（住宅ローンも含む）が、まさかの時に備えた蓄えより多いか？

次に、□の中の数字を合計しよう。合計点がゼロなら合格だ！　あなたはすでにキャッシュフローをうまくコントロールしている。一から五の人は金持ち父さんの方式に従って借金を減らすことを考えたほうがいいかもしれない。合計点が六以上の人は気をつけたほうがいい。あなたは金銭的な破滅への道を歩み始めているかもしれない。

■金持ち父さんの緊急キャッシュフロー対策

自分のキャッシュフローをコントロールできるようになりたいと本気で思っている人は、次の三つのことをする必要がある。

1．自分の財政状態を把握する
2．自己抑制する
3．目的地に連れていってくれる「ゲームプラン」を立てる

ゲーム『キャッシュフロー101』で使う財務諸表の用紙を本書の巻末付録につけておいたので、まず、自分の財政状態を把握するために財務諸表を作ってみよう。

習慣を変えるのはむずかしいか？　それはむずかしいに決まっている。それができるかどうかはあなた次第だ。つまり、自分のファイナンシャル・ライフを自分でコントロールしたいと、あなたがどれくらい真剣に思っているかにかかっている。はじめによく頭に入れておいて欲しいが、これからお話しするやり方は、どれも必ずやらなくてはならないというものではない。だが、やらなければ、今いる場所に、つまり、決して途絶えることのない請求書の支払いのために給料を使い続ける状態にとどまっているだけだ。（もちろん、宝くじにでも当たれば話は別だ。実際、宝くじを当てることが経済的に有利な状況になるための堅実なプランだと考えている人はたくさんいて、私はいつも驚かされる。）

だが、ここでは、もっと現実的な話に戻ろう。あなたは確かにクレジットカードを切り刻む必要はないが、借金を減らすためのプランには従った方がいい。そのための最初の二つのステップを次に説明する。

まず一つめのステップは、最初に自分に支払うことだ。給料をもらったら、まず始めに支払う請求書は「あなた自身」だ。車のローンでも、家のローンでも、家賃でもない。しかるべき額のお金を自分に支払い、それをすぐに、日常的に使う口座とは別の投資用貯蓄口座に入れる。そして、何らかの形で投資する準備ができるまで、手をつけないでおく。

次のステップは、私が「ドゥーダッズ（無駄使い）」と呼んでいる支出を切り詰めることだ。ドゥーダッズとは、だれにでもある「どうしても欲しくなるが、必要のない余計な物」だ。それは高級車かもしれないし、一流レストランでの食事、あるいは見栄えのする洋服かもしれない。何であれ、そういった物を衝動的に買う習慣をともかくやめよう。正直言って、ここが自己抑制と意志の力がものを言う正念場だ。もし借金から抜け出したいと真剣に思っているなら、昔から言われる「充足の引き延ばし」という美徳に自分を慣らす必要がある。

私のほかの著書を読んだことのある人は、ここで、私たちのアドバイスが微妙に変化していることに気がついたかもしれない。金持ち父さんは、自分が望むライフスタイルを維持できるだけのお金を手に入れるために、収入を増やすことが大事だと信じていたが、実際には、立ち止まり、正しい道を走り始めるために別の方策をとらなければならないこともある。よく言われる次の言葉を覚えておこう。「穴の中に落ち込んでいる自分に気がついたらどうするか？——穴を掘るのをやめなさい」

本書の前の方で、「レッドゾーン」で人生を突っ走っている人たちの話をした。彼らは給料日から給料日まで、ぎりぎりの生活をしている。次に、いくつかの新しいアドバイスとともに、『金持ち父さんのキャッシュフロー・クワドラント』の第十一章「ラットレースから抜け出すための七つのステップ」の中で紹介したキャシュフローを管理する方法（日本語版では二六七〜二七五ページ）をもう一度取り上げる。これらは、あなたが「穴を掘り続ける」のをやめ、将来のファイナンシャル・ライフをよりよいものにするためのプランを始める助けになる、かなり強力な方法だ。よく読んで、そのステップを踏む助けにして欲しい。

自己抑制をしてキャッシュフローの管理を自分でやろうと決心したら、次の方法を早速試してみよう。

■キャッシュフローを管理する

1．今作ったばかりの財務諸表をもう一度見直す。

2．現在の自分の収入がキャッシュフロー・クワドラントのどのクワドラントから入ってきているか確認する（一三九ページの図⑤参照）。

（　　　　）クワドラント

3．五年後の自分の主な収入源をどのクワドラントにしたいか決める。

（　　　　）クワドラント

4．次の「キャッシュフロー管理計画」に着手する。

A．まず自分に支払う。パーセンテージを決め、給料、あるいはそのほかの収入源から入ってきた収入の一部を別にとっておき、投資用の貯蓄口座に預ける。この口座に入れたお金は本格的に投資を始める準備ができるまで絶対に引き出してはいけない。

さあ、これであなたはキャッシュフロー管理計画の第一歩を踏み出したことになる。おめでとう！

B．個人的な借金を少なくすることに焦点を合わせる。次に紹介するのは借金を減らし、ゼロにするために役立つ、簡単でだれにでもすぐにできる方法だ。

・アドバイス1　クレジットカードの未払残高が膨大になっていたら……

1．一枚か二枚のクレジットカードを残して、あとは全部はさみで切り刻む。

2．残ったカードで新たに買ったものに関しては、すべて毎月きちんと完済し、決してこれ以上長期の借金を増やさない。

・アドバイス2　毎月の給料から決まった額のお金を残す

給料を全部使ってしまわずに、毎月百五十ドルから二百ドルのお金を残すようにする。もうだいぶファイナンシャル・リテラシーが身についてきたあなたにとって、これはそれほどむずかしいことではないはずだ。今これくらいのお金を余分に生み出すことができなければ、将来も経済的自由を得ることはむずかしい。

・アドバイス3　残したお金を一つのクレジットカードの返済に回す

⑤　キャッシュフロー・クワドラント

キャッシュフロー・クワドラントは、このような４つのクワドラント（円を四等分したもの）から成り立っている。図の中のＥは従業員(employee)、Ｓは自営業、あるいはスモールビジネスのオーナー(self-employed, small business owner)、Ｂはビッグビジネスのオーナー（big buisiness owner)、Ｉは投資家（investor）を表している。

私たちはみんな、この４つのクワドラントのうち少なくとも１つに属している。どこに属するかは、お金がどこから入ってくるかによって決まる。たいていの人は給料がおもな収入源だから従業員（Ｅ）だ。そのほかに、自分の雇い主は自分だという自営業者（Ｓ）もいる。この従業員と自営業者がキャッシュフロー・クワドラントの左側に来る。右側にいるのは自分が所有するビジネスや投資から収入を得ている人たちだ。

残した百五十ドルのお金を、支払のたまったクレジットカードのうち一つの返済にあてる。つまり、そのカードについては、未払残高返済のために決められた最低限度額に百五十ドルから二百ドルプラスした額を返済する。

ほかのカードについては最低返済額だけを払い続ける。すべてのカードに関して毎月多少多めに返済しようとする人が多いが、そうすると、結局はたいていどれも完済できない。

・アドバイス4　一つの支払いが終わったら、次のカードの支払いをする

一つのクレジットカードの支払が終わったら、そのカードのためにそれまで支払っていたお金を全部次のカードの支払に回す。つまり、二つめのカードについては、最低返済額にそれまで一つめのカードの返済のために払っていたのと同じ額をプラスしたものを毎月支払う。

このプロセスを繰り返し、ほかのカードの未払残高、小売店のつけなどの消費者ローンを全部清算する。つまり、一つの借金を返済し終わったら、その返済のためにそれまで払っていた額をプラスして次の借金の返済に取りかかる。だから、一つの借金を返済し終わるたびに、次の借金の返済にあてる額は増えていく。

・アドバイス5　クレジットカード、消費者ローンの支払いが終わったら……

クレジットカードをはじめ、消費者ローンすべての未払残高の返済が終わったら、同じ方法で車のローンと住宅ローンの返済に取りかかる。

この方法を試してみると、驚くほど速く借金をゼロにできる。実際にやってみると、だいたいの人は五年から七年ですべての借金を清算できる。

・アドバイス6　借金を全部返済し終わったら……

借金を全部返済し終わったら、最後の借金の返済のためにそれまで毎月支払っていた金額を投資のために取っておくようにする。そして、それを使って資産の欄の項目を増やしていく。

ただこれだけ。実に簡単なことだ。

■キャッシュフローをコントロールする力を得るための、そのほかのアドバイス

・請求書をすべて期日までに払うようにして、延滞金の支払を避ける。

・金利が低く、年会費や変更手数料のかからないクレジットカードを探す。見つかったら、

未払残高のあるほかのクレジットカードをやめて、そのカードにまとめることを考える。そうすれば、金利と手数料が減る。
・手数料のかかるＡＴＭ（現金自動預払機）を使うのをやめる。ＡＴＭを使って手数料を払うのは、自分のお金を使うのに余分なお金を支払っているようなものだ！

■お金の使い方に関する習慣をしっかり管理しよう

・現金で払う習慣を身につけよう。クレジットカードを使うのは緊急の時だけにする。
・衝動買いをやめる方法を身につける。意志の力を使って、自分に「だめ！」と言う。
・まとめて卸値で買うグループやディスカウント・ストアで買い物をする。
・予算を守る。適度な食費の予算を立て、それをオーバーしそうになったら、ポテトチップスやアイスクリームをやめる。
・薬はブランドにこだわらずに、同じ成分で値段の安い「ジェネリック医薬品」を買うか、ディスカウントの薬屋を見つける。
・少し余分な収入を得るために、アルバイト、パートタイムでできるビジネス、その他の方法を探し始める。
・暖房機の設定温度を少し下げたり、電灯をいくつか消すなどして電気代を節約する。

・家に完全な冬支度をさせる方法を学ぶ。水道管を断熱材で包む。隙間風をシャットアウトする。エネルギーを無駄使いしそうなところをなくす。
・携帯電話だけでなく家の電話も使用時間を減らす。これはお金の節約に役立つのに、多くの人が見逃している点の一つだ。
・保険契約を見直そう。少ない費用で同じような保障を受けられるような契約はないか探す。免責金額を上げて毎月の保険料を下げる。

要するに、一言で言うなら、お金をどのように使っているか、「きちんと見張る」習慣をつけるということだ。一週間、高いシャンプーを買う、外に夕食を食べに行く、長電話をする……といったことを控えて、どれくらい節約できるかやってみて欲しい。そうやって、例えば一週間に三十ドル、あるいは四十ドル節約できたとしよう。一カ月にすれば百ドル以上だ。一年なら千二百ドル以上節約できる。せっせと貯めた小銭がこれだけあれば、クレジットカードの完済時期を早めるのにかなり役に立つ。

あなたの目標は、できるだけ早く借金から抜け出し、よりよい将来を描ける状態になって、金持ちと同じ考え方をし始めることだ。そうなれば、電話代や電気代、保険料などいろいろなものの支払をしてくれる不労所得を生む資産を買ったり、築いたりすることができる。これこそが、自分が選んだライフスタイルで生活するために収入を増やすという金持ち父さんの哲学だ。

■担保付借入金と無担保借入金

借金には二つの種類がある。「担保付」は返済をバックアップする担保がある借入金で、典型的な例は住宅ローンや車のローンだ。「無担保」は担保がない借入金で、クレジットカードや消費者ローン、後払いの医療費などはだいたいこれに含まれる。

最初に完済を試みるべきなのは無担保の借入金だ。金持ち父さんの考え方によれば、無担保の借入金は、私たちが「悪い借金」と呼んでいる借金に一番よくあてはまる。それを早くゼロにできれば、自分の経済状態をコントロールする力がそれだけ多く手に入る。つまり、ほかの未払い金の返済と同時に、クレジットカードの未払残高もできるだけ早く返済した方がいいということだ。

ここでクレジットカードについてちょっと考えてみよう。クレジットカードが実に便利なものであることに間違いはない。そして、それが、金銭面で深刻な問題にあなたを引き込む可能性があることや、それがどのようにして起こるかを充分理解している限り、カードを切り刻む必要は本当にない。

例えば、多くのクレジットカードは、持っているだけで年会費を取られる。そして、それに加え、返済すべきお金が生じればもちろん、年率何パーセントかの金利を取られる。あなたの手元にあるクレジットカードをよく見てみよう。最近のたいていのカードはあなたが何かを買った代金や、未払残高に対して十パーセントの利子をつける。だが、中には二十パーセント、二十五パーセントという高率で利子をとる会社もある。そうなれば当然、毎月最低返済額だけを払ってクレジットカードの借金を返済しようとしたら莫大なお金を費やすことになる。新たに何かをカードで買ったら、その月のうちに完済する癖をつけよう。

金利が一番低いカードを見つけるにはどうしたらいいだろう？　インターネットなどを使い、金利の低いところを見つけ、今のクレジットカードの借金をそっちに移転するにはどうしたらいいか調べるのも一つの方法だ。

■悪い借金をなくすことに焦点を合わせる

毎月のキャッシュフローをコントロールする力を取り戻すために、私が勧める方法を次に詳しく紹介する。

財布やバッグの中からすべてのクレジットカードを取り出そう。次に、一三七～一四二ページの「キャッシュフローを管理する」という項目で紹介した方式を実践する。それぞれの未払残高をチェックし、未払残高の一番少ないカードからまず完済しよう。その返済が終わったら、カード会社に電話して解約しよう。

次に、残っているカードのすべてについて同じことをやろう。未払残高がすっかりなくなるまで、コツコツとやり続けることだ。このプロセスは、たいていの場合、一カ月や二カ月では終わらないことを頭に入れておいて欲しい。現金をどれくらい持っているかによるが、クレジットカードの借金を少しずつ減らすというこのプロセスは、数カ月、時には何年もかかるかもしれない。でも、やり通そう。なぜなら、毎月の請求書の奴隷ではなくなった時、あなたはお金の面でとても気分よく感じるに違いないからだ。それに、もっといいことがある。カードの借金を返済し終えたら、今度は家のローンなどのほかの借金を返済するための余分な現金が手元にあることがわかるだろう！

クレジットカードの借金を返し終わったら、その余分なお金を使って家のローンを返し始めよう。たいていの場合、持ち家を所有する人には、残っているローンを繰り上げ返済するという選択肢が与えられている。住宅ローンの契約をチェックするか、抵当権者に聞いて、それができるかどうか確かめよう。たいていは、毎月のローンを繰り上げ返済して実際に数千ドルを節約すれば、持ち家所有者は得をする。たとえ、それが毎月、元本を五十ドル減らす（余分な返済が元本返済にあてられるようきちんと指示すること）だけの効果しかなくても、それは結果として家のローン全体から、数年と数千ドルを差し引くことになる。

このやり方で一番いいことは、この単純なやり方に忠実に従うだけの意志の力を持っている人は、きっと二、三年のうちにしっかりした経済的基盤を築き、大きな借金はすべて返済した状態になることができるということだ。今、経済的に苦しい状況にある人には不可能に思えるかもしれないが、そこは私を信じて欲しい。この方法は必ずあなたにも効果がある。

■緊急措置

借金を全部返済するための戦いにすでに負けている人、本当にぎりぎりの「レッドゾーン」で暮らしている人にできることは何だろう？

おそらくその方法の一つは、無料あるいは安い料金で相談できるところへ行ってみることだろう。信頼のおける相談所を次に挙げておく。

・　各地の消費生活センター（全国四百九十八カ所）

商品やサービスなど消費生活に関する苦情や問合せ、相談を専門の相談員が受付ける。連絡先は国民生活センターのホームページで　http://www.kokusen.go.jp/。

・各地の弁護士会の法律相談センター
法律の専門家による相談（基本相談料は三十分五千円）。連絡先などは日本弁護士連合会のホームページで　http://www.nichibenren.or.jp/。

・各地の司法書士会の法律相談センター（無料相談もあり）
連絡先などは日本司法書士会連合会のホームページで　http://www.shiho-shoshi.or.jp/

・日本クレジットカウンセリング協会　http://www.jcca-f.or.jp/
専任のカウンセラー（弁護士と消費生活アドバイザー）が多重債務者に対して生活再建と救済を図るためのカウンセリングを行う。基本的に無料。

・ほかに、全国クレジット・サラ金被害者連絡協議会http://www.cre-sara.gr.jp/や、全国クレジット・サラ金問題対策協議会http://www.cresara.net/などの加盟団体でも相談を受けている。

第六章　変化の値段

「狂気とは、同じことをしながら、物事が変化するのを期待し続けることだ」

――よく言われる格言

いい借金と悪い借金について話すと、よく次のような質問をされる。

「でも、市場が暴落したらどうする？」

「でも、もし間違ったらどうする？」

「でも、もし借金が返せなかったらどうする？」

「でも、不動産に興味がなかったらどうする？」

「でも、こんなに不動産の値段が高い地域で、一体どうやったら買えるんだ？」

「でも、借金はどれも危険なんじゃないか？」

「借金をしないでいる方がいいんじゃないか？」

これらの疑問は、現実の世界のさまざまな心配に基づいたもっともな疑問だし、無視することはできない。私はある有名な投資家が「すべての投資は悪い投資のつもりで扱え」と言うのを聞いたことがある。みなさんも気がついたと思うが、この有名な投資家は「あなたがたの心配はもっともだから何もするな」とは言っていない。だが、そうは言っても、これらの恐怖が何百万人もの人を縛りつけ、何もできない状態にさせていることに変わりはない。人々の変化を押しとどめるのは、未知のものに対する恐怖である場合が多い。

米国健康教育福祉省による統計をもう一度見てみよう。それによると、六十五歳のアメリカ人百人のうち、金持ちは一人、まあ快適な暮らしをしている人は四人、まだ働いている人は五人、政府や家族の援助を必要としている人は五十四人、残りは亡くなっている。

この統計にあるように、偉大なる富を達成する人が百人のうちわずか一人しかいない理由の一つは、私には一目瞭然《いちもくりょうぜん》に思える。それは、たいていの人が、変化が必要な時に変化できなかったからだ。彼らは同じことをやり続けた。変わりたいと思った人はたくさんいたに違いない。だが、彼らは「でも、市場が暴落したらどうする?」「でも、もし間違ったらどうする?」「でも、もし借金が返せなかったらどうする?」といった恐怖や疑いの気持ちに縛られ、変化すべき時に何もできずにいた。言い換えるなら、多くの人は、自分自身の恐怖や疑いの気持ちに縛られた囚人になっているから変われない。恐怖と疑いの気持ちが彼らに同じことをさせ、彼らはそうしながら物事が変化するのを期待し続ける。よく言われる狂気の定義そのままだ。

■ニュートンのもう一つの法則

金持ち父さんはよくこう言った。「間違いを犯すことを恐れている人たちにとっては、何もしないでいたり、同じことをやっている方が楽な場合が多い」かのアイザック・ニュートン卿のもう一つの有名な法則、エネルギー保存の法則は「静止している物体は静止したままであり、動いている物体は動き続ける」というものだ。これを人間にあてはめるとこうなる。人間は往々にして、同じことをやり続ける方が楽だと感じる。それは、動いている物体は同じように動き続けるからだ。また、新しいことを始めるのはたいていむずかしいから、という理由で変化をむずかしく感じる人もいる。それは、静止している物体は静止したままでいるからだ。

億万長者になるために支払わなければならない代価が、何か違うことをすることだという場合はよくある。つまり、まったくのゼロから始めて、何か新しいことを軌道に乗せ、いくつか間違いを犯し、次第に何か新しいことに関して賢くなる……ということだ。これはとても簡単に聞こえる。そして、実際、簡単なことなのだ。それなのに、たいていの人が、自分を億万長者にしてくれるかもしれないこの「簡単なこと」をやらないでいる理由は、ニュートンの法則を思い出せばわかる。

■仕事を変える以上のことをしよう

金持ち父さんシリーズの第二弾『金持ち父さんのキャッシュフロー・クワドラント』の中で、お金とビジネスの世界に四種類の人間がいるという話をした。図⑥はそれを示した「キャッシュフロー・クワドラント」だ。

図⑥の中の四つの文字は従業員（E）、自営業者あるいはスモールビジネスのオーナー（S）、ビッグビジネスのオーナー（B）、投資家（I）を表している。『キャッシュフロー・クワドラント』は、この四つのクワドラントに属する人たちの間の根本的な違いと、クワドラントを移りたいと思った場合、その人にどんな変化が必要かについて書かれた本だ。この本の話を今持ち出したのは、変化したいと思っている人はたくさんいても、さらにそれ以上に多くの人が、今自分のいるクワドラントにとらわれたままでいるからだ。例えば、学校を出て、仕事に就き、引退するまでEクワドラントに留まる。本当は外に飛び出して何か違うことをしたくてたまらないかもしれないのに……例えば投資や、自分でビジネスを始めるといった「何か違ったこと」を。

多くの人は、変化したとしてもたいていの場合、同じクワドラントの中でしかそれをやらない。例えば、Ｅクワドラントの中で変化する人は多い。昇給あるいはより大きな満足を求めて仕事を転々と変わる人たちだ。ほかの著作の中でも説明しているように、Ｅクワドラントにいて金持ちになる人がこんなにも少ない理由は、このクワドラントが税制面で最も厳しい扱いを受けるからだ。

一方、少ないながらも、別のクワドラントに移る人もいる。この場合一番ポピュラーなのは、ＥクワドラントからＳクワドラントへの移動だ。このような変化をする人はよくこ

⑥キャッシュフロー・クワドラントは四つの異なる考え方を表す

んなふうに言う。「私は自分のやりたいことをやりたい」「私は自分のボスになりたい」だが、Sクワドラントも金持ちになるのがむずかしいクワドラントだ。なぜなら、その人が仕事をやめたら、入ってくる収入もストップする。それに、自営業者に適用される税制も、従業員に対するものと同じようにかなり厳しいからだ。

BとIのクワドラントは大金持ちになるのが一番楽なクワドラントだが、ほかと同様、苦労はある。EやSの場合とは異なるが、BやIにもそれなりに立ち向かわなければならない課題がいくつも待っている。

この四つのクワドラントの違いや、もっと詳しい情報、あるいは自分に必要な変化をどうやってもたらしたらいいか、といったことについてもっと知りたい人は、『金持ち父さんのキャッシュフロー・クワドラント』を読んで欲しい。そして、いつもニュートンの「エネルギー保存の法則」を思い出して欲しい。

私からのアドバイスはこうだ——昼間の仕事はそのまま続け、新しいクワドラントで新しいことを始めるまでに、少なくとも五年かけなさい。

■クワドラントを変えて億万長者になる可能性を高める

金持ちになることを夢見て宝くじを買ったり、クイズ番組に出演する人がこんなにたくさんいるのは、たいていの人がEクワドラントかSクワドラントに属しているからだ。巨万の富を手に入れる人の大部分は、主にBクワドラントかIクワドラントの人だ。億万長者になる可能性を高める方法の一つは、クワドラントを変わることだ。そうしたところで保証はないが、少なくともBやIのクワドラントで活動する人間になることで、その可能性は大幅に高まる。大きな富を手にした人のうち、Eクワドラントの人は一パーセント以下といわれ、Sクワドラントの人の割合も同じようなものだ。

つまり、できるだけ短期間で億万長者になりたいと本気で思っている人は、クワドラントを変える必要があるかもしれない。私は自分の個人的な経験からそのことを知っている。EクワドラントやSクワドラントにいたとしたら、大きな富を手にする可能性はごくわずかか、ゼロだっただろう。私にはBクワドラントとIクワドラントで一番可能性が高いことがわかっていたし、私が富を作り出したのはまさにそれらのクワドラントにおいてだった。

「本当に億万長者になりたいのは誰か？」と人に聞く時、私はその人に、自分から進んでクワドラントを変わる気があるかどうかもたずねる。「ある」という人も多少いるが、たいていは「ない」と言う。その理由はやはり「変化」という言葉の中にある。多くの人にとって、左側のクワドラント、つまりEとSの側から右側のBやIの側に移るために必要な変化は、払うべき代価が高すぎる。彼らが喜んで払おうという限度を超えているのだ。このような変化に向けて自分から進んで歩みだそうとしない人たちは、億万長者になりたかったらほかの方法を見つけた方がいい。例えば、切り詰めた生活をし、クレジットカードを切り刻んで金持ちになる方法を試してみてもいいし、お金目当てでだれかと結婚してもいいし、人を騙《だま》して金持ちになってもいい。

クワドラントを変わることを考えてもいいという人、勇敢なあなたには、指針として役に立ててもらうために、『金持ち父さんのキャッシュフロー・クワドラント』では取り上げなかった次の図をプレゼントしたい。「勇敢なあなた」と言ったのは、多くの場合、本当に勇敢な心が必要だからだ。

■金持ちになるためのガイド

私が次のようなモデル(図⑦)を考え出したのは、本から学んだだけの知識、あるいは教室で学んだだけの知識では、金銭的な成功を百パーセント得るのに充分でない理由を説明するためだ。この図はほかにもいろいろなことを説明するのに使えるが、この本の目的を考えて、ここでは、金銭的により豊かな人になるために必要と思われる変化を説明する手引きとして使おうと思う。私はこの立体モデルを「学習ピラミッド」と呼んでいる。

シリーズ第三弾の『金持ち父さんの投資ガイド』を読んだことのある人は、「四面体」という名前でこの立体モデルを覚えているかもしれない。四面体というのは文字通り四つの面と、四つの頂点からなる立体で、これを「ピラミッド」と呼ぶ人もいる。私の師の一人であるバックミンスター・フラー博士は、四面体を宇宙でもっとも安定した形だと言っていた。エジプトのピラミッドがこれほど長くそのままの姿を保っているのも、その構造のおかげだ。ピラミッドの話はさておき、この四面体は金持ちになるのに必要な変化――それだけでなく、どんな変化にもあてはまるが――をとげるために支払わなければならない代価を説明するのに役に立つ。

⑦学習ピラミッド

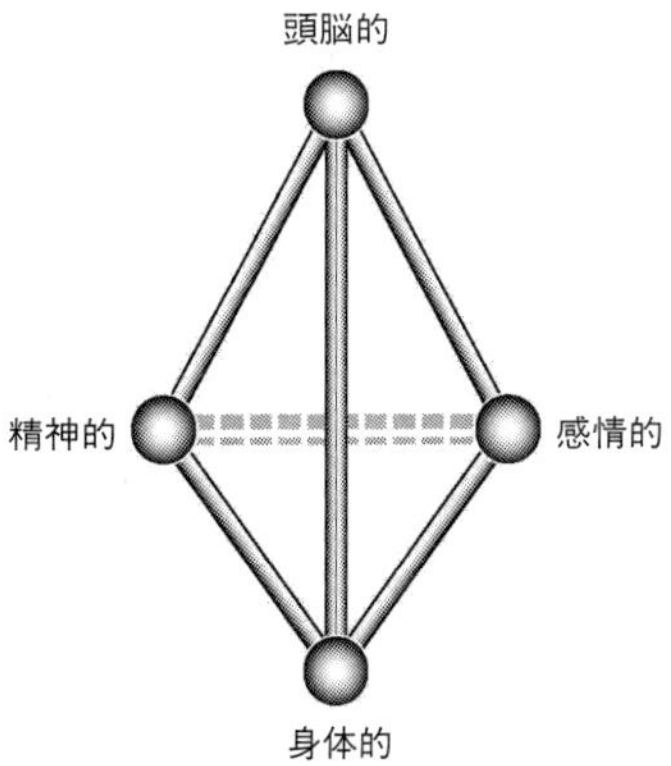

アルバート・アインシュタインの言葉の中で私の好きなものの一つに、「偉大なる精神は往々にして、凡庸なる頭脳からの暴力的な反対に遭遇する」というのがある。今ここでこの言葉を引用したのは、私の考え方に反対する人たちを非難するためではない。自分の中に偉大なる精神と凡庸なる頭脳が同居していることを私自身に思い出させるためだ。

■学習ピラミッドはどう働くか

学習ピラミッドがどのように働くか、例を使って説明しよう。例えば、ある人が本を読み、その本が「不動産を買いに行け」あるいは「いい借金を見つけに行け」と言っていたとしよう。つまり、この本を読んだ人の頭には「不動産に投資しろ。いい借金をしろ。そして金持ちになれ」というメッセージが刻み込まれる。これらのことをするのはそれほどむずかしいことではないが、たいていの人は実際にそうしない。頭ではそのことを考えるかもしれないが、身体的に何かしようとはしない。多くの人が実際に行動して不動産を買うことができないのは、感情的に問題を抱えているからだ。そして、感情的思考が頭脳的思考より強くなった時、その問題が表面化する。感情的思考が新しい頭脳的アイディアに刺激されると、この章の最初で取り上げたような疑問が耳に聞こえ始める。

「市場が暴落したらどうする？」
「間違いを犯したらどうする？」

頭に入り込んできた新しい考え方に異議を唱えようとする恐怖の感情が湧《わ》いてくると、こういう疑問が起こる。それは、新しい考え方がどんなに単純なこと、例えば「不動産を買いに行け。いい借金をしろ。そして金持ちになれ」といったことでも同じだ。感情的思考が頭脳的思考より強ければ、多くの場合その身体的な結果は「何も行動しない」ことになる。つまり、「分析麻痺《まひ》」と呼ばれる状態に陥って、身体的には何もしないのに、ただ自分の中で思考や感情と戦って何時間も過ごす……ということになりかねない。あるいは、前にお話ししたラジオ番組で私をインタビューした司会者と同じことをするかもしれない。つまり、不動産投資を頭から「だめだ」と決め付けてしまう。あの司会者が私に言った言葉はまだあなたも覚えているだろう。「私はトイレを修理したり、夜、借家人からの電話を受けたりするのはいやです」

これも、頭に入ってきた新しい考え方を感情的思考が押さえつけている例だ。あのラジオの司会者は新しい考え方に一度もチャンスを与えなかった。そして、そうすることで、大きな富と経済的自由を獲得する可能性から自分自身を締め出した。彼は、インタビューの終わり頃、こんなことまで言った。「億万長者になる方法について話してくださるのだと思っていましたよ」それに対して私はこう答えた。「そうしましたよ。多くの人が実際に億万長者になり、経済的自由を手に入れるための方法は、いい借金をたくさんすることだとお話ししました。でも、あなたはトイレのことしか考えられなかったんです」当然ながら、私は二度とこの司会者の番組には招待されなかった。

■アイディアの力

お金の面だけでなく、そのほかの面でも人生を変えてくれるかもしれない考え方を頭から締め出している人は、あのラジオの司会者だけではない。私もそうすることがある。人間はみんなそうだ。人間はだれもが、自分を成功に導いてくれることも、成功から遠ざけることもする。この章で私が一番言いたいのは、変化が必要だとわかっている時、どうやって変化するかだ。前にも言ったように、狂気の定義は「同じことをしながら、物事が変化するのを期待し続けることだ」。

金持ち父さんはこう言った。「たいていの人が偉大な富と経済的自由を達成できない大きな理由の一つは、ただ単に、彼らが間違いを犯すのを恐れているからだ」金持ち父さんはさらに続けてこう言った。「頭がよくて、高い教育を受けているのに、偉大な富を達成できない人たちがこれほど多いのは、彼らが学校で、間違いは悪いことだと教えられてきたからだ。現実の世界では、一番多く間違いを犯し、嘘をついたり、だましたり、否定したり、責めたりせずにそこから学ぶ人が勝つ」

だから、学習ピラミッドの図を見て、次のことを思い出して欲しい。人がたとえ頭の中ではそうなりたいと思っていても億万長者になれない大きな理由の一つは、間違いを犯すことを恐れるように教えられ、感情的にその恐怖を身につけてしまっているからだ。金持ち父さんはよくこう言っていた。「たいていの人が失敗するのは、失敗するのを恐れる気持ちのせいだ」失敗するのを恐れる気持ちは、変えなければならない感情的な考え方の一つだ。なぜなら、そのような感情的な考え方は、頭脳的な考え方よりも強い力を持つことが多いからだ。だから、金持ちになる人がこんなに少ないのだ。

■学校で役に立つことが現実の世界で役に立つとは限らない

何年も前、金持ち父さんが私に「銀行から成績表を見せろと言われたことは一度もない」と言った時、そこから私が学んだ大切な教えの一つは、学校で役に立つことが現実の世界では役に立たないかもしれないということだ。お金のことで苦労している人たちに会うと、よく気がつくことだが、彼らはごく単純な理由からそうしている。つまり、家族や友人、学校から与えられた古い考え方から抜け出られないでいるから苦労している。言い換えるとこうなる。そういう人たちは、自分ではそれに従っていることにさえ気付いていないかもしれない考え方に従っている。例えば、「間違いを犯すな」「安全で、安心できる仕事に就け」「せっせと働き、お金を貯め、借金をしないようにしろ」といった考え方だ。これらは経済的な自由よりも安全の方が大事だという人にとってはいい考え方だが、できるだけ短期間で億万長者になりたいと思っている人にとっては悪い考え方だ。

つまり、多くの人たちの場合、億万長者になるための代価は、古い考え方を見直し、どの考え方を変える必要があるか見つけ出すことだ。だが、ここでぜひ覚えておいて欲しいのだが、頭脳的な考え方を変えるためには、感情的、身体的、精神的な変化が必要な場合が多い。

学校で早い時期にファイナンシャル・リテラシーを教えることにより、「資産を買う」「お金を自分のために働かせる」「経済的自由を手に入れる」といった新しい考え方を、もっと可能性のあるもの、みんなが達成できるものにできたらいいと私たちは願っている。

■失敗することに対する恐怖

私の場合は、多くの人の場合と異なり、失敗することに対する恐怖は問題にならない。

前にもお話ししたように、十五歳の時に、英語が書けないからという理由で落第しそうになったことは、私の人生に起きた最良の出来事の一つだった。今、私は、当時英語のクラスでAをとった学生たちの大部分よりも多くのお金を物書きとして稼いでいる。あの失敗からは、財務諸表が本当の成績表であることを学んだ。だから、間違いや失敗を犯してもそこから何かを学べばそれでいいのだと、昔から知っていた。つまり、自分より学校の成績がいい人たちよりも多くの間違いを喜んで犯そうという気持ちでいれば、それによって大きな利益を得られることがわかっていた。問題は、失敗を恐れる気持ちがなかったおかげで、間違いから多くを学んだのも事実だが、それと同時にその恐怖がなかったために、学べる量が限られていたことだ。

私が志願してベトナムで戦った理由の一つは、戦争に行くことによって与えられる感情的、身体的チャレンジだった。多くの人が「戦争に行きたくない」「戦争には反対だ」と言っていたが、私はそこに行くのが一番いいと決めた。だから、徴兵免除の対象だったにもかかわらず志願した。

私にとってよかったのは、海兵隊が、若者を訓練し、感情的および身体的な面での疑いの気持ちや自分の限度を克服させることにかけて一流だったことだ。私たちは、たとえ感情的に恐怖におののき、身体的に大きな困難に立ち向かわなくてはならない状況でも、頭脳的には冷静に考えて行動するように、厳しく訓練された。また、たとえ自分自身の命と引き換えでも、与えられた仕事をきちんとやり、使命を果たすように教えられた。あの、頭脳的、感情的、身体的、精神的訓練があったからこそ、私はベトナムから生きて帰って来られたのだと思う。一方、悪かったのは、その同じ訓練が、戦争から戻った私には毒だったことだ。私はこの二十五年間を、戦争で戦うために学んだことを忘れるのに費やしてきた。

■戦争の時に役に立つことが平和な時に役に立つとは限らない

戦争で生き延びるために、私たちは瞬時のうちに戦う訓練を受ける。考える前に撃たなければならないこともよくあったし、命がどうなるかなど考えずに、恐ろしい状況に飛び込んだり、たとえやりたくなくても恐ろしいことをしなければならないこともあった。つまり、私たちは、個人的にはやりたくないと思うことでも、やるべきことをやるためには、頭脳的な思考や感情的な思いに邪魔をさせずに、具体的な行動に出なければならなかった。

戦争から帰った私は、恐怖を克服する能力と、戦うことをいとわない気持ちが自分を引き止めていることを発見した。平和な時には、戦士の習性は必要ない。私は帰国後まもなく、戦時の海兵隊と平時の海兵隊の間に大きな違いがあることに気がついた。軍隊で司令官になるような人たち、例えばコリン・パウエル、ノーマン・シュワルツコフといった人たちは、戦っている時だけでなく平和な状態でも優秀な人たちだ。

平和な状態の中では、たとえ海兵隊にいても、私は兵士よりもむしろ政治家、あるいは外交官のように考え、行動することを学ぶ必要があった。つまり、もっと忍耐強くする、行動する前にもっと考える、もっとやさしくする、あまりぶっきらぼうにしない、いつもすぐに戦える姿勢でいない……といったようなことだが、これらを学ぶのに今も私は苦労している。もっとすばやく変化をしていれば、金銭的にも、社会的にも、職業的にも、私はもっと成功していただろう。だが、すばやく変化をすることは私にはできなかった。先ほども言ったように、戦わないでいることを学ぶのに、新たに二十五年の年月が必要だった。

ありがたいことに、失敗を恐れる気持ちを克服する能力のおかげで、私はいい起業家、いい投資家になることができたが、この能力はそれと同時に、私の成長と成功を制限する方向にも働いた。前にも書いた通り、ニュートンの法則の一つに「すべての作用には、同じ大きさで逆向きに働く反作用がある」というのがある。私の場合、成功を大きく育てたいと思ったら、人間としてかなり大きく変化する必要があった。戦うのをいとわない気持ちのおかげで小さな戦いには勝っていたが、全体としての「戦争」には負けていたからだ。

まもなく私は、変化をしなければ自分の成功は制限される——間違いを犯すことを恐れる人の成功が制限されるのとまったく同じに——と気付いた。成長するためには変化が必要だった。

ほかの本にも書いたことがあるが、コインには必ず二つの面がある。ギャンブラーはだれもが、ギャンブラーであると同時に銀行家でもなければいけない。私の人生を振り返ると、最初の二十五年は自分の中の戦士を育て、最近の二十五年は外交的な面を育ててきたような気がする。この両方の面を持つことで、私の成功は大きく育った。もし私がコインの一方の面しか持っていなかったら、私の成功は大きく制限されていただろう。このことはかなり確かだ。つまり、私の強みが弱みになったために、全体として完成した形になるためには、弱みを強みに変える必要があった。

■人生で肝心なのは変化

「何に投資したらいいでしょう?」「私はどうしたらいいですか?」「正しい答えを教えてくれませんか?」こんなふうに聞かれると、私は躊躇《ちゅうちょ》し、答えが何か、相手に教えるのを避けてうまく逃げ出す。答えを与えるのを私が嫌う理由は、「正解」は教室とクイズ番組でしか役に立たないからだ。現実の生活では、私たちはだれもがなんらかの強み、才能、能力を持って生まれる。と同時に弱みも持っている。そして、もうお気付きかもしれないが、私たちの強みは往々にして弱みでもある。

私にとって、人生で肝心なのは変化だ。私に言わせれば、もし今、変化していなければ、あなたはかなり危険な状態にあるかもしれない。なぜなら、世界は前代未聞の速さで変化しているからだ。一番多くの問題を抱えているのは、昔の正解と昔の成績表にしがみついている人たちだ。インターネットがどんどん普及している今、持てる者と持たざる者の間の格差は拡大していくばかりだ。今の世界には、ハイスクールもまだ出ていないのに、ウェブ上で何百万ドルものお金を稼いでいる子供たちがいる。彼らはまだ仕事に就いたこともなければ、これから先ずっと仕事を探す必要もないかもしれない。

ほかの本にも書いたように、「仕事《ジョブ》」というのは産業時代に生まれた考え方だ。産業時代の古いルールにしがみついている人はみんな、情報時代の新しいルールに適応している人たちから金銭的に遅れをとる。そして、この二つのルールははっきりと違う。それは絶対に確かだ。

仕事による安全、自動的な昇進、年功序列といった考え方から離れられない人は、産業時代のルールにしがみついている人だ。ありがたいことに、今、巨万の富を得るチャンスは、未だかつてないほどたくさんあふれている。だが、その富を得るためには支払わなければならない代価がある。つまり、変化が必要かもしれないということだ。

■精神の力

変化に伴う不確実性は、多くの場合私たちに恐怖をもたらす。私もほかの人と同じように、未知のものには不安を感じるし、自分に自信がないし、判断を間違えて過ちを犯すのも大嫌いだ。だが、幸いなことに、今の時代は、だれもがみんな変化しなければならない。インターネットのおかげで今は変化が民主化され、だれにでもチャンスが与えられている。今はだれもが変化しなければいけない。そうでなければ代価を支払うことになる。つまり、ゆっくりとだが確実に取り残されるという代価だ。ありがたいことに、この変化を乗り切る力は、だれもが持っていて、それを手に入れたいと望めば手に入る。

変化を乗り切る力は、ここでもう一度取り上げる学習ピラミッドの中に隠されている(図⑧)。それは精神力、魂の力だ。

ベトナムに行ったおかげでプラスになったことの一つは、魂の力をこの目で見るチャンスを与えられたことだ。実際の戦闘を目の当たりにしたことのある元兵士たちに聞けばわかる。きっとほとんどの兵士が、日常生活でたいていの人間にとってブレーキになる、頭脳的、身体的、感情的限界をはるかに越えた行為を行った人たちの話をしてくれるに違いない。私の小学校時代のクラスメートで、親友の一人でもあるウェインは、ＬＲＲＰとして、戦場で最も危険な使命の一つを果たしながら一年を過ごした。「ラープ」と発音されるこの略号は、長距離偵察哨戒（long-range reconnaissance patrol）の頭文字をとったもので、少人数の戦闘チームを組んで敵陣内にパラシュート降下し、情報を集める兵士たちのことを指す。彼らは一週間から二カ月ほど敵陣内に留まり、そこで食糧を調達して生活することもよくあった。

　最近のことだが、ある夜、ハワイのウェインの自宅で、ハワイで育ち、大学に進学し、そして戦地に赴《おもむ》いた自分たちがどんな変化を潜り抜けてきたか、二人で話したことがあっ

⑧変化を乗り切る力は精神の力

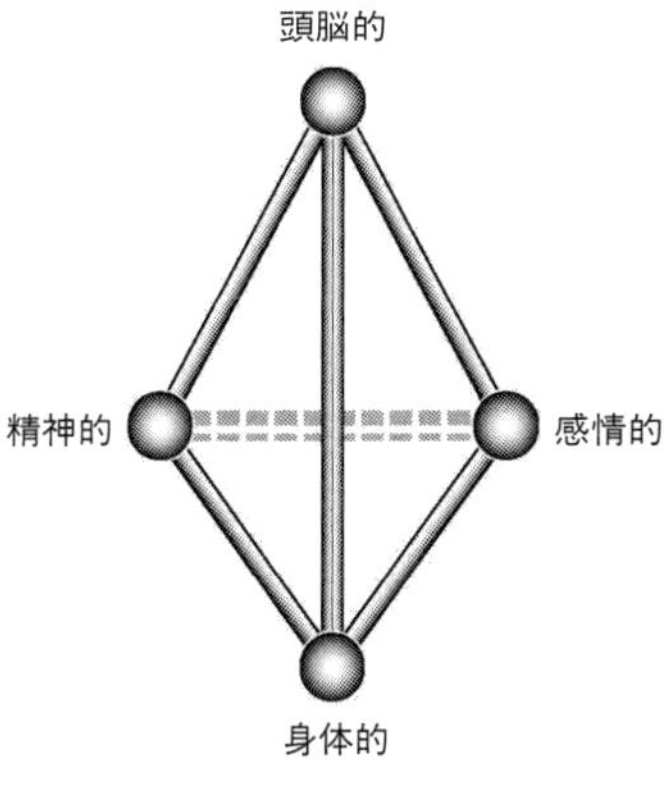

た。そして、戦地での経験が、私たちの人間性と、中心となる価値観をどんなに大きく一変させたかについて話した。

私たちは二人で静かに語り合った。いわゆる「職務」の限度をはるかに超え、勇気とヒロイズムに満ちた偉業を成し遂げた若者たちを畏《おそ》れ敬う気持ちで胸をつまらせながら、そういった若者たちの話をした。今ここで、この話を持ち出したのは、すべての人間が持つ「魂の力」について私が言いたいと思っていることを、ウェインが言ってくれたからだ。夜更けまで二人で話していたあの時、彼は静かにこう言った。「任務を遂行する中でぼくが一人だけ生き残ったことが二回あった。ぼくが今生きているのは、死者たちが戦い続けてくれたからだ」

■戦い続ける死者たち

これほど多くのベトナム退役軍人が感情面で問題を抱えているのは、あの戦争が、国民が一丸となって勝利をめざした戦争ではなかったから、そして、生き残った彼らは、自分たちのために仲間が命を捨ててくれたからこそ生き残れたのだと知っているからではないだろうか。さらに加えて、彼らが帰ってきたのは、帰還軍人に感謝するどころか——あの戦争が正しかったか、間違っていたかは別として——つばを吐きかけることが多いような国だった。

私もウェイン同様、死者たちが戦い続けるのを見た。厳密に言ったら、身体的にも、頭脳的にも、感情的にも死んでいるというのに、それでもなお、仲間を生かすために精神が戦い続けている……。それを目の当たりにしたのは、確かに悲しい経験ではあったが、人間の精神力についてそこから学んだ教えは、私とウェインの人生にとって、何ものにも代えがたい貴重なものだった。

最近、「でも、もしお金を損したらどうする？」「間違いを犯したらどうする？」「失敗したらどうする？」などとだれかが言っているのを耳にすると、私は相手を傷つけないように一応にこりとしてから、ゆっくりうなずいて立ち去る。命を失う人たちを見てきた私には、一万ドルを失うことを恐れる人たちに共感を覚えるのは今でもまだむずかしい。

人間の精神の力、すべての人が持っている魂の力の例を見つけるには、戦争に行かなくてはだめだというわけではない。数年前、私は身体に障害を持つ人たちの運動競技会を見に行った。そして、かつてのクラスメートで、交通事故で怪我をして両足を切断しなければならなかった友人に出会った。五十歳の彼は、両足を失いながらも、新しく装着した義足で百ヤード短距離走に出場していた。

彼が走る姿を見ていると、身体的な制限などまったく目に入らなかった。私の目に見え、心に感じられたのは、彼を突き動かす精神の力だけだった。彼が走っている間、彼の精神、また、それぞれに身体に障害を持つほかの参加者たちの精神が、観客席の隅々《すみずみ》まで満《み》ち溢《あふ》れた。彼らの精神が観客の精神に触れると、ほとんどの観客が泣き出した。それを見た私は、また人間の精神の力について考えさせられた。確かに私は身体的には彼より恵まれていたかもしれないが、あの時の彼の身体的コンディションは私よりずっとよかった。彼の精神が、肉体的な障害を、身体、頭脳、感情のすべての点における強みに変えていたのだ。人間はだれもが、あの彼と同じ精神の力を手に入れることができる。

■人間はみんな弱さと強さを持っている

前にも説明したように、私には学問の才能はまったくなかった。私は今の学校システムが優等生と呼ぶようなタイプの人間ではない。また、感情面でも特にすぐれているわけではない。その理由は簡単だ。短気で、忍耐力に欠け、細かいところに注意が行き届かないからだ。それに、身体的にも特に恵まれていない。運動が得意なわけでもないし、見かけがすごくいいというわけでもない。それでも、今聞かれれば、自分は幸せな人生と経済的自由を見つけたとはっきり言える。それができたのは、人間の精神の力についていつも思い出させてくれる出来事や、人と出会ってきたからだ。

私の母と二人の父――貧乏父さんと金持ち父さん――は、そのような精神を持っていて、私が自信を喪失し、苦しんでいた時、その力を呼び起こすよう私を励ましてくれた。私が今生きていられるのは、クラスメートのウェインが言っていたように「死者たちが戦い続けてくれたからだ」。私が今のような人間でいられるのは、強い精神の力を持った一人の女性にめぐりあい、結婚したからだ。彼女はその精神をもって私を信頼し、私のそばにいない方がいいとほかの人から言われても、ずっとそばで私を支えてくれた。

私にはよくわかっている。キムの精神的な強さがなかったら、私は今のような暮らしはしていないだろう。私が失敗し、自信を失っている時に、そばで私を支え、助けてくれた友人たちがいなかったら、私は今ここにはいない。私が経済的自由を手に入れられたのは、自分の身体的、感情的、あるいは頭脳的強さのおかげではない。自分の精神が見つからなくなった時にも、そばにいて私を励まし、前進させてくれた人たちのおかげだ。ほかの人たちの精神が私の精神にやる気を起こさせ、前に進ませてくれたからこそ、変化し成長して、新たなチャレンジに立ち向かうことができたのだ。私はこれまで、自分の精神の存在をしっかり認識した時に、いつも自由を見つけてきた。

人生で自信を失い苦しんでいる時に、私がよく口ずさむ詩の一節があるが、最近、その詩を書いたのがエラ・ウィーラー・ウィルコックスという名の、世紀の変わり目に生きた詩人であることを知った。その詩の一部を次に紹介しておきたい。

人はなるべき人になる。
失敗には偽りの満足を見つけさせるがいい、
その貧しい言葉の環境の中で。
だが魂はそんなことには目もくれず、自由でいる。
魂は時間を支配し、空間を征服する。
得意げなペテン師がつけ入る隙をつぶし、
暴君たる環境に命ずる、
王座を降り、召使の座を満たせと。
人間の意志……その見えない力。
死ぬことのない魂の子孫は、
どんなゴールに通じる道も切り開くことができる、
たとえ大理石の壁が邪魔しようとも。
遅れようと忍耐を失わず、
じっと待とう、そして理解する者となろう——

魂が立ち上がり命令を下す時、
神々が喜んでそれに従うことを。

頭を使って私が学び、何かを身につけることができたのも、疑いの気持ちに満たされながらも感情をコントロールし、物理的な行動に移ることができたのも、転んで、そして再び立ち上がることができたのも、私の魂のおかげだ。

まとめ　お金の面での「成績表」を立て直すことの値段

「会計は説明責任に通じる」
――金持ち父さん

「会計の勉強なんてしたくない。最新の財務諸表をつけることにも興味がない」私はよくそんな言葉を聞かされる。そんな時は、まず、何を選んで学ぶかはその人の自由だと認め、次に、「会計は説明責任に通じる」という金持ち父さんの言葉をよく引用する。つまり、会計の方法を学び、財務諸表をよりよいものにするために努力を続けることの利点の一つは、そのプロセスが、自分に対する説明責任能力を高めることだ。そして、自分自身に対する説明責任をしっかり果たすことは、億万長者になりたいと本気で思っている人が支払わなければならない代価なのだ。

私が最初のビジネスを手放した時、金持ち父さんはこう言った。「車がこわれたら、きちんと訓練を受けたプロの修理工のところへ持っていき、それを直してもらう。お金のことで問題が出てきた時、それを直せる人はたった一人しかいない。それはきみ自身だ」金持ち父さんの説明は続いた。「きみの財政状態はゴルフのスコアとよく似ている。本を読んだり、セミナーに出たり、コーチを雇ったり、レッスンを受けたりすることはできるが、何をしたって、結局のところきみのゴルフのスコアを伸ばせるのはきみだけだ」

巨万の富を手に入れる人の数がこんなに少ない理由の一つは、たいていの人は金銭的な問題を抱えた時、そこからどうやって抜け出したらいいかわからないことだ。そのような問題を診断する方法など、だれも教えてくれなかった。多くの人は、金銭的な問題を抱えているとわかっていても、財務諸表の読み方も、正確な会計記録のつけ方もわからないから、自分の抱える問題がどれくらい深刻なのかもわからない。その問題を診断するとか、解決するなどできるはずもない。

めちゃくちゃになった財務諸表に正面から取り組むのは、私にとってとてもつらい経験だった。でもそれは、あの時私が選択できた道の中で、最良の道だった。問題などないふりをして無駄に時を過ごすこともできたが、そうせずに、正面からそれに向き合うことで、私は人生で最高の、お金の面での経験をすることができた。財務諸表に向き合い、自分の問題に向き合うことで、自分が何を知らないでいるか、この財政状況を立て直すために何を学ぶべきか、はっきりとわかるようになった。

金銭的な列車転覆に正面から取り組み、苦労している私を見て、金持ち父さんはこう言った。「きみのいいところは、間違いを犯す時、大きな間違いを犯すことだよ」それから、こうも言った。「自ら進んで真実に立ち向かい、間違いから学ぶ気持ちがあれば、お金について私が教えられる量をはるかに超えた多くのことをきみは学ぶだろう」金持ち父さんはさらにこう言った。「自分の財務諸表に向き合う時、きみは自分自身と、自分が立ち向かうべき金銭的な課題と向き合っている。きみは、自分が知っていること、自分が知らなかったことが何かを発見し始める。財務諸表を見れば、きみは自分自身への説明責任を果たすようになる。ゴルフをする人が、スコアが悪かったからといってそれを人のせいにできないのとまったく同じように、自分の会計記録を見たきみは、自分自身に対する責任を果たすようになる」

先ほども言ったように、自分の金銭的な問題に正面から立ち向かい、それを解決することは、私が受けられる限りで最高の教育だった。なぜなら、間違いに正面から取り組むことで、私は自分自身の欠点について責任を果たせるようになったからだ。財務諸表を正面から見つめることで、私はお金の面での自分の成績がひどく悪いことに気が付いた。自分が思っていたほど、お金に関して頭がいいわけではないこともわかった。そして、この、

職業　　　　**プレーヤー**

目標：総支出を上回る不労所得を得て、ラットレースを抜けてファーストトラックへ移ること。

損益計算書

収入

項目	キャッシュフロー
給料：	
利息：	
配当：	
不動産：	
ビジネス：	

監査役

（あなたの右隣の人）

不労所得＝

（利息＋配当＋不動産＋ビジネスからのキャッシュフロー）

総収入：

支出

税金：
住宅ローン：
教育ローンの支払：
自動車ローンの支払：
クレジットカードの支払：
小売店への支払：
その他の支出：
育児費：
銀行ローンの支払：

子どもの数：
（0からスタート）

子ども一人あたりの
育児費：

総支出：

毎月の
キャッシュフロー：
（ペイチェック）

貸借対照表

資産			**負債**
貯蓄：			住宅ローン：
株／投資信託／譲渡性預金：	株数	一株あたりの価格	教育ローン：
			自動車ローン：
			クレジットカード：
不動産：	頭金	価格	小売店のつけ：
			不動産ローン：
ビジネス：	頭金	価格	負債（ビジネス）：
			銀行ローン：

お金に関する成績を上げることで、私は億万長者になるために何を学ぶ必要があるか知った。それが、私が支払った代価だ。私がその代価を支払ったのは、億万長者になりたいと本気で思っていたからだ。

■最後に思うこと

億万長者になるにはたくさんの方法がある。一つはクレジットカードにはさみを入れ、切り詰めた生活をすることだ。私がその方法を選ばなかったのは、そのために支払わなければならない代価が高すぎたからだ。お金目当てに結婚する方法もある。これもやろうと思えばできただろうし、手っ取り早く金持ちになる方法としてよく使われる手だが、そのための代価は私にはあまりに高すぎた。

億万長者になるもう一つの方法は、ファイナンシャル・リテラシー、つまりファイナンシャル・インテリジェンスを高め、自分自身に対する説明責任を果たし、自分がやったことの結果を受け入れ、自分に教育を継続的に受けさせ、よりよい人間になるためにきちんと人間的成長をさせることだ。私にとって、金持ちになるために喜んで払おうと思える代価はこれだった。

この本を終える前に、みなさんにもう一度一七九ページにある財務諸表を見ていただきたい。そして、金持ち父さんがどんなことを重要だと言っていたか、思い出してもらいたい（図⑨）。

最後に、この本を読んでくださったことに心から感謝する。あなたがまだ億万長者になっていないとしたら、そうなれることを心からお祈りする。

著者・訳者紹介

ロバート・キヨサキ Robert Kiyosaki

日系四世のロバートはハワイで生まれ育った。家族には教育関係者が多く、父親はハワイ州教育局の局長を務めたこともある。ハイスクール卒業後、ニューヨークの大学へ進学。大学卒業後は海兵隊に入隊し、士官、ヘリコプターパイロットとしてベトナムに出征した。

ベトナムから帰還後、ゼロックス社にセールスマンとして勤務。一九七七年にナイロンとベルクロ（マジックテープ）を使ったサーファー用の財布を考案、会社を起こした。この製品は全世界的で驚異的な売上を記録し、ニューズウィークをはじめ多くの雑誌が、ロバートとこの商品を取り上げた。さらに一九八五年には、世界中でビジネスと投資を教える教育会社を起こした。

一九九四年に自分の起こしたビジネスを売却。四十七歳でビジネス界から引退したが、ロバートの本格的な引退生活は長くは続かなかった。その間にシャロン・レクターの協力の下に『金持ち父さん　貧乏父さん』を書き上げ、この本はアメリカをはじめ世界各地で大ベストセラーとなった。続いて出版した「金持ち父さん」シリーズはいずれもウォールストリート・ジャーナル、ビジネスウィーク、ニューヨーク・タイムズなどでベストセラーに名を連ねている。ロバートはまた、金持ち父さんが何年もかけて教えてくれたファイナンシャル戦略をみんなに教えるためにボードゲーム『キャッシュフロー』を考案した。

二〇〇一年、「金持ち父さんアドバイザー」シリーズの第一弾が出版された。このアドバイザーチームは、「ビジネスと投資はチームでやるスポーツだ」と信じるロバートを支援する専門家たちからなる。

ロバートはよくこう言う。「私たちは学校へ行き、お金のために一生懸命働くことを学ぶ。私はお金を自分のために働かせる方法をみんなに教えるために、本を書いたり、いろいろな製品を作る。この方法を学べば、私たちが生きるこの世界のすばらしさを思う存分満喫できる」

シャロン・レクター Sharon Lechter

妻であり三児の母であると同時に、公認会計士、会社のCEOでもあるレクターは、教育に関心が深く、多くの力を注いでいる。フロリダ州立大学で会計学を専攻し、当時全米トップ・エイトに入る会計事務所に入所。その後もコンピュータ会社のCEO、全国規模の保険会社の税務ディレクターなどへと転職し、ウィスコンシン州で初の女性雑誌の創刊にもかかわる一方、公認会計士としての仕事を続けてきた。

三人の子供を育てるうち、シャロンは教育に興味を持った。テレビで育った子供たちは、読書には興味を持たない。彼女は、学校の教育ではこのような現状を打破することはできないと強く感じるようになった。そこで、彼女は世界初の「しゃべる本」の開発に参加したが、このプロジェクトは現在巨大産業へと成長した電子ブックの先駆けとなった。

「現在の教育システムは今日の世界的なテクノロジーの変化にまったくついていっていません。私たちは子供たちに、彼らがこの世界で「生き残る」ためだけでなく「繁栄する」ために必要な技術を教えてやらなくてはなりません」と彼女は語る。

「金持ち父さん」シリーズの共著者として、彼女は現在の教育システムの抱えるもう一つの欠陥、つまり「お金に関する知識」の欠如に焦点をあてている。本書は真に役に立つ知識を学び、経済的にも豊かになることを望むすべての人にとって優れた教材となるだろう。

リッチダッド・オーガニゼーション

ロバートとキム・キヨサキ、シャロン・レクターが中心となり設立。『金持ち父さん　貧乏父さん』をはじめとする書籍、『キャッシュフロー101』などのゲーム、学習用テープなど、お金について教えるための画期的な教材を通して、ロバートの考えを広く紹介している。

この会社は「人々のお金に関する幸福度を向上させること」を目指している。

白根美保子 Mihoko Shirane

翻訳家。早稲田大学商学部卒業。訳書に『ボルネオの奥地へ』（めるくまーる）、『死別の悲しみを癒すアドバイスブック』『金持ち父さん　貧乏父さん』（いずれも筑摩書房）、『ハーバード医学部』（三修社）など。

ロバート・キヨサキの著作一覧

「金持ち父さん　貧乏父さん——アメリカの金持ちが教えてくれるお金の哲学」ロバート・キヨサキ、シャロン・レクター著／白根美保子訳／筑摩書房
「金持ち父さんのキャッシュフロー・クワドラント——経済的自由があなたのものになる」ロバート・キヨサキ、シャロン・レクター著／白根美保子訳／筑摩書房
「金持ち父さんの投資ガイド　入門編——投資力をつける16のレッスン」「金持ち父さんの投資ガイド　上級編——企業家精神から富が生まれる」ロバート・キヨサキ、シャロン・レクター著／白根美保子訳／林康史、今尾金久協力／筑摩書房
「金持ち父さんの子供はみんな天才——親だからできるお金の教育」ロバート・キヨサキ、シャロン・レクター著／白根美保子訳／筑摩書房
「金持ち父さんの若くして豊かに引退する方法」ロバート・キヨサキ、シャロン・レクター著／白根美保子訳／筑摩書房
「金持ち父さんの予言——嵐の時代を乗り切るための方舟の造り方」ロバート・キヨサキ、シャロン・レクター著／白根美保子訳／筑摩書房
「金持ち父さんのサクセス・ストーリーズ——金持ち父さんに学んだ25人の成功者たち」ロバート・キヨサキ、シャロン・レクター著／春日井晶子訳／筑摩書房
「金持ち父さんのガイドブック——悪い借金を良い借金に変えよう」ロバート・キヨサキ、シャロン・レクター著／白根美保子訳／筑摩書房
"Rich Dad's Who Took My Money?——Why Slow Investors Lose and Fast Money Wins"
"Rich Dad Poor Dad for Teens——The Secrets About Money that You don't Learn in School"
「人助けが好きなあなたに贈る金持ち父さんのビジネススクール——ネットワークビジネスから学ぶ8つの価値」マイクロマガジン社

金持ち父さんのアドバイザーシリーズ

「セールスドッグ――「攻撃型」営業マンでなくても成功できる!」ブレア・シンガー著/まえがき・ロバート・キヨサキ/春日井晶子訳/筑摩書房

"Protecting Your #1 Asset:Creating Fortunes from Your Ideas――An Intellectual Property Handbook" by Michael Lechter

"Own Your own corporation――Why the Rich Own Their Own Companies and Everyone Else Works for Them" by Garrett Sutton

"How to Buy and Sell a Business――How You Can Win in the Business Quadrant" by Garrett Sutton

"The ABC's of Building a Business Team That Wins――The Invisible Code of Honor that Takes Ordinary People and Turns Them into a Championship Team" by Blair Singer"

"The ABC's of Real Estate Investing――The Secret of Finding Hidden Profits Most Investors Miss" by Ken McElroy

金持ち父さんのオーディオビジュアル

「ロバート・キヨサキのファイナンシャル・インテリジェンス」タイムライフ(CDセット)

「ロバート・キヨサキ　ライブトーク・イン・ジャパン」ソフトバンクパブリッシング(DVD)

"Rich Dad's Roads to Riches: 6 Steps to Becoming a Successful Real Estate Investor"

"Your 1st Step to Financial Freedom"

「金持ち父さんのパーフェクトビジネス」マイクロマガジン社

職　業 ＿＿＿＿＿＿＿＿　**プレーヤー** ＿＿＿＿＿＿＿＿

目標：総支出を上回る不労所得を得て、ラットレースを抜けてファーストトラックへ移ること。

損益計算書

収　入

項　目	キャッシュフロー
給料：	
利息：	
配当：	
不動産：	
ビジネス：	

監査役 ＿＿＿＿＿＿＿＿
（あなたの右隣の人）

不労所得＝ ＿＿＿＿＿＿＿＿
（利息＋配当＋不動産＋ビジネスからのキャッシュフロー）

総収入： ＿＿＿＿＿＿＿＿

支　出

税金：
住宅ローン：
教育ローンの支払：
自動車ローンの支払：
クレジットカードの支払：
小売店への支払：
その他の支出：
育児費：
銀行ローンの支払：

子どもの数：＿＿＿＿＿＿
（0からスタート）

子ども一人あたりの
育児費：＿＿＿＿＿＿

総支出： ＿＿＿＿＿＿＿＿

毎月の
キャッシュフロー： ＿＿＿＿＿＿
（ペイチェック）

貸借対照表

資　産			負　債
貯蓄：			住宅ローン：
株／投資信託／譲渡性預金：	株数	一株あたりの価格	教育ローン：
			自動車ローン：
			クレジットカード：
不動産：	頭金	価格	小売店のつけ：
			不動産ローン：
ビジネス：	頭金	価格	負債（ビジネス）：
			銀行ローン：

金《かね》持《も》ち父《とう》さんの金《かね》持《も》ちになるガイドブック
悪《わる》い借金《しゃっきん》を良《よ》い借金《しゃっきん》に変《か》えよう

2004年11月10日　第1刷発行

著者――ロバート・キヨサキ
シャロン・レクター
訳者――白根美保子（しらね・みほこ）
装丁――岡田和子
発行者――菊池明郎
発行所――株式会社筑摩書房
東京都台東区蔵前2-5-3　郵便番号111-8755　振替00160-8-4123
印刷――中央精版印刷
製本――中央精版印刷

ISBN4-480-86359-1 C0033
乱丁・落丁本の場合は、お手数ですが下記にご送付ください。送料小社負担にてお取り替えいたします。
ご注文・お問い合わせも下記へお願いします。
〒331-8507 さいたま市北区櫛引町2-604　筑摩書房サービスセンター　電話048-651-0053

『キャッシュフロー101』で ファイナンシャル・インテリジェンスを高めよう!

読者のみなさん

『金持ち父さんシリーズ』を読んでくださってありがとうございました。お金についてためになることをきっと学ぶことができたと思います。いちばん大事なのは、あなたが自分の教育のために投資したことです。

私はみなさんが金持ちになれるように願っていますし、金持ち父さんが私に教えてくれたのとおなじことを身につけてほしいと思っています。金持ち父さんの教えを生かせば、たとえどんなにささやかなところから始めたとしても、驚くほど幸先のいいスタートを切ることができるでしょう。だからこそ、私はこのゲームを開発したのです。これは金持ち父さんが私に教えてくれたお金に関する技術を学ぶためのゲームです。楽しみながら、しっかりした知識が身につくようになっています。

このゲームは、楽しむこと、繰り返すこと、行動すること——この三つの方法を使ってあなたにお金に関する技術を教えてくれます。『キャッシュフロー101』はおもちゃではありません。それに、単なるゲームでもありません。特許権を得ているのはこのようなユニークさによるものです。このゲームはあなたに大きな刺激を与え、たくさんのことを教えてくれるでしょう。このゲームは、金持ちと同じような考え方をしなくては勝てません。ゲームをするたびにあなたはより多くの技術を獲得していきます。ゲームの展開は毎回違います。あなたは新しく身につけた技術を駆使して、さまざまな状況を乗り切っていくことになるでしょう。そうしていくうちに、お金に関する技術が高まる

『キャッシュフロー101』
家庭で楽しみながら学べる
MBAプログラム
CASHFLOW 101　$195

『キャッシュフロー・フォー・キッズ』
6歳から楽しく学べる子供のためのゲーム
CASHFLOW for KIDS　$39.95

と同時に、自信もついていきます。

このゲームを通して学べるような、お金に関する教えを実社会で学ぼうとしたら、ずいぶん高いものにつくこともあります。『キャッシュフロー101』のいいところは、おもちゃのお金を使ってファイナンシャル・インテリジェンスを身につけることができる点です。

はじめて『キャッシュフロー101』で遊ぶときは、むずかしく感じるかもしれません。でも、繰り返し遊ぶうちにあなたのファイナンシャル・インテリジェンスが養われていき、ずっと簡単に感じられるようになります。

このゲームが教えてくれるお金に関する技術を身につけるためには、まず少なくても六回はゲームをやってみてください。そのあと本などで勉強すれば、あなたはこれから先の自分の経済状態を自分の手で変えていくことができます。その段階まで到達したら、上級者向けの『キャッシュフロー202』に進む準備ができたことになります。『キャッシュフロー202』には学習用のCDが5枚ついています。

子供たちのためには、六歳から楽しく学べる『キャッシュフロー・フォー・キッズ』があります。

『キャッシュフロー』ゲームの創案者
ロバート・キヨサキ

ロバート・キヨサキの「金持ち父さん」シリーズ

金持ち父さん 貧乏父さん

アメリカの金持ちが教えてくれるお金の哲学

定価(本体価格1600円+税) 4-480-86330-3

金持ち父さんの キャッシュフロー・クワドラント

経済的自由があなたのものになる

定価(本体価格1900円+税) 4-480-86332-X

金持ち父さんの投資ガイド 入門編

投資力をつける16のレッスン

定価(本体価格1600円+税) 4-480-86336-2

金持ち父さんの投資ガイド 上級編

起業家精神から富が生まれる

定価(本体価格1900円+税) 4-480-86338-9

金持ち父さんの子供はみんな天才

親だからできるお金の教育

定価(本体価格1900円+税) 4-480-86342-7

金持ち父さんの 若くして豊かに引退する方法

定価(本体価格2200円+税) 4-480-86347-8